Reclam Literaturunterricht

Sachanalysen. Stundenverläufe. Arbeitsblätter

Reisen. Gedichte

Von Vanessa Greiff

Reclam

Benutzerhinweise

Der Band enthält 10 Module, die – mit Ausnahme des Gedichtvergleichs in Modul 4 – ohne weitere Voraussetzungen und in frei wählbarer Reihenfolge direkt im Unterricht eingesetzt werden können.

Jedes Modul besteht aus zwei Teilen:

- **Sachanalyse** mit einem praxisorientierten, auf den Unterrichtsverlauf bezogenen Interpretationsangebot
- **Unterrichtsverlauf** mit (a) kurzem inhaltlichen Überblick, (b) den Unterrichtsschritten in tabellarischer Übersicht und (c) ausführlichen Erläuterungen zu den einzelnen Unterrichtsschritten

Jedes Modul bietet alle für den Unterricht benötigten Materialien:

- kopierfähige **Arbeitsblätter** (ggf. mit Lösungshinweisen im Anhang)
- **Vorlagen** (Bilder oder Texte)
- **Tafelbilder**

Die Module enthalten an allen geeigneten Stellen Hinweise für:

- einen möglichen **verkürzten Verlauf** (als fakultativ gekennzeichnete Unterrichtsschritte)
- **Alternativen** (in den ausführlichen Erläuterungen zu den Unterrichtsschritten)
- eine mögliche **Binnendifferenzierung** (die entsprechenden Arbeitsaufträge auf erhöhtem Niveau sind mit einem Asterisk * gekennzeichnet)

Abkürzungen und Symbole

EA	Einzelarbeit
PA	Partnerarbeit
GA	Gruppenarbeit
LSG	Lehrer-Schüler-Gespräch
UG	Unterrichtsgespräch
*	Kennzeichnung eines zusätzlichen Arbeitsauftrags auf erhöhtem Niveau (für Binnendifferenzierung)
(Globus-Symbol)	Verweis auf die zugehörige Gedichtanthologie: *Reisen. Gedichte*, hrsg. von Vanessa Greif, Stuttgart: Reclam, 2018 [u. ö.]. (Reclams Universal-Bibliothek. 19528)

2., durchgesehene Ausgabe

Reihenkonzept: Max Kämper

Reclam Literaturunterricht | Nr. 15800
2018, 2019 Philipp Reclam jun. Verlag GmbH,
Siemensstraße 32, 71254 Ditzingen
Druck und Bindung: Elanders GmbH,
Anton-Schmidt-Straße 15, 71332 Waiblingen
Printed in Germany 2022
RECLAM ist eine eingetragene Marke
der Philipp Reclam jun. GmbH & Co. KG, Stuttgart
ISBN 978-3-15-015800-5
www.reclam.de

FSC www.fsc.org MIX Papier aus verantwortungsvollen Quellen FSC® C016368

Inhalt

Zum Einstieg in die Unterrichtseinheit

Das Thema Reisen knüpft eng an die Erfahrungswelt der Lernenden an: Schullandheimaufenthalte, Klassen- oder Studienfahrten, private Reisen wie Familienurlaube oder Ferienlager haben alle Jugendlichen schon erlebt. Sie kennen aus eigener Erfahrung Gefühle wie Sehnsucht, Heimweh oder Fernweh und sind somit in der Lage, sich in diese Empfindungen anderer Menschen einzufühlen. Ebenso beschäftigen sich die Jugendlichen in der Oberstufe zunehmend mit dem Thema Mobilität und Unterwegssein und planen für die Zeit nach dem Abitur oft auch eigene Reisen: Wege zur Selbstverwirklichung und zum Kennenlernen ›des Anderen‹, Möglichkeiten der Selbst- und Fremdheitserfahrung werden ausprobiert und realisiert. Häufig werden die jungen Menschen von Neugierde und Entdeckungslust – v. a. in Bezug auf fremde Kulturen – motiviert.

Auf unterschiedlichen literarischen Niveaus ist das Thema Reisen in der Kinder- und Jugendliteratur wie in der Erwachsenenliteratur anzutreffen. Jugendliche lesen gerne Reiseliteratur und haben in ihrer privaten Lektüre wie im schulischen Bereich literarische Erfahrungen mit diesem Thema gesammelt. Lyrik dürfte zwar einen geringen Anteil an der Lektüre von Reiseliteratur haben – aber: alle Aspekte aus der Erfahrungswelt der Jugendlichen sind in verdichteter Form in Gedichten enthalten, können entdeckt und mit eigenen Erfahrungen verknüpft werden.

Der vorliegende Materialband besteht aus zehn Unterrichtsmodulen, die das Thema »Reisen in der Lyrik« aus verschiedenen Blickwinkeln fokussieren. Es werden einzelne Epochen, kultur- und literaturgeschichtliche Zusammenhänge sowie Motiventwicklungen und ausgewählte, teils auch weniger geläufige Aspekte des Themas Reisen vertieft.

Die Auswahl der Materialien beinhaltet u. a.

- klassische Impulse und Bildmaterialien,
- Manuskripte und Typoskripte der Dichter, die poetische Arbeitsprozesse sichtbar machen,
- Interviews mit Dichtern, die den Lernenden einen direkten Einblick in deren Denken und ihren Umgang mit dem Thema geben.

Die Module sind mit Ausnahme des Gedichtvergleichs in Modul 4 ohne weitere Voraussetzungen und in beliebiger Reihenfolge direkt im Unterricht einsetzbar.

Hinweise zur Erstbegegnung mit dem Thema und zu begleitenden Lernformen

Erstbegegnung mit dem Thema

Für den Einstieg in die Unterrichtseinheit bieten sich offene und assoziative Erstbegegnungen an, etwa mittels Gedankenkette (1.) oder Interviewfragen (2.). Mit der Textarbeit zum Nachwort zur Gedichtsammlung *Reisen. Gedichte* (3.) kann eine erste Definition und Darstellung des Themas erarbeitet werden, auf die auch in den Modulen Bezug genommen wird.

1. Gedankenkette. Die Lernenden sammeln eigene Erfahrungen, Vorstellungen und Ideen, die sie mit dem Thema Reisen verbinden. Dazu bilden sie eine Gedankenkette zum Thema Reisen. Begriffe werden auf Kärtchen geschrieben, zunächst allein (ca. 1 Minute), dann in Partnerarbeit (ca. 3 Minuten) und Gruppenarbeit (ca. 5 Minuten). Abschließend strukturiert und visualisiert die Gruppe die Ergebnisse, indem Themenfelder gebildet werden. Darauf kann im Laufe der Unterrichtseinheit immer wieder zurückgegriffen werden, Erweiterungen sind jederzeit möglich. Die Visualisierung bietet den Lernenden auch Anhaltspunkte für das Finden von Vergleichsaspekten für einen Gedichtvergleich (s. den Erwartungshorizont auf S. 6).

2. Interview. Die Lernenden erhalten die Interviewfragen, die auch der in der Anthologie *Reisen. Gedichte* vertretenen Autorin Nadja Küchenmeister gestellt wurden, und beantworten diese für sich. Dann wird die VORLAGE ***Interview mit Nadja Küchenmeister*** gelesen, die Erfahrungen werden ausgetauscht und diskutiert. VORLAGE

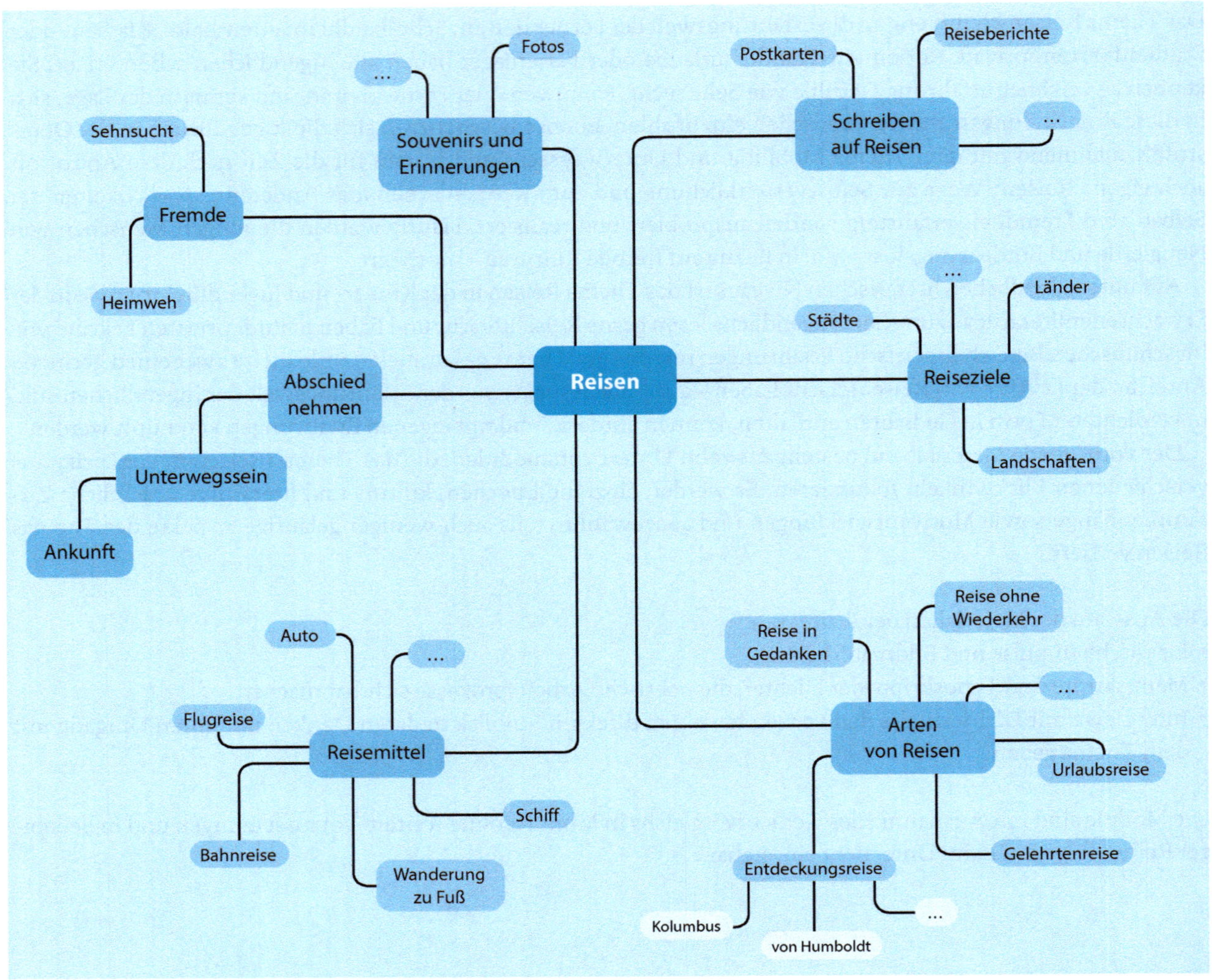

3. Textarbeit. Die Lernenden lesen für eine erste inhaltliche Auseinandersetzung mit dem Thema Auszüge des Nachworts der Anthologie *Reisen. Gedichte* und beantworten folgende Fragen:

- Was ist eine Reise? (Nachwort, S. 182–188)
- Was können Gedichte zu diesem Thema leisten? (Nachwort, S. 179–182)

Unterrichtsbegleitende Portfolioarbeit mit der Anthologie *Reisen. Gedichte*

Neben der exemplarischen Behandlung von Gedichten im Unterricht ist eine individuell gestaltete Portfolioarbeit mit der Anthologie *Reisen. Gedichte* für die Lernenden ein attraktives Angebot. Es kann zur Differenzierung als Förder- bzw. Forderinstrument eingesetzt werden, um den Blick für die Details und Nuancen des Themas individuell zu schulen. Gleichzeitig kann den persönlichen Vorlieben des Lernenden bei der Lektüre von Gedichten Raum gegeben werden. Anregungen für die Portfolioarbeit:

1. *Lyrische Landkarte:* Auf einer Weltkarte werden Gedichte geografisch zugeordnet. Folgende Leitfragen können die Arbeit begleiten: Wie werden die Orte dargestellt? Womit werden sie in Verbindung gebracht? Gibt es in der Darstellung Kontinuitäten oder Entwicklungen?

2. *Analytische Aufgabenformen:* Interpretationen einzelner Texte, vergleichende Interpretationen, Interview mit einem Gedicht: Erfassen von Inhalt, komplexen Strukturen, Mehrdeutigkeiten, Entstehungsgeschichte.

3. *Gestaltende Aufgabenformen:* z. B. (audio-)visuelle Umsetzungen (Vertonung, filmische Umsetzung eines Gedichts oder eines Aspekts wie Sehnsucht).

4. *Kreative Aufgabenformen:* z. B. eine persönliche Reise in Gedichten erstellen.

VORLAGE Interview mit Nadja Küchenmeister

1. Was bedeutet Reisen für Sie?

Im besten Fall erfahre ich durch das Reisen etwas, das ich vorher noch nicht wusste. Natürlich einerseits über das Land, die Menschen und ihre Kultur, aber auch über mich selbst. Wer also bin ich, außerhalb der mir vertrauten Wege? Reisen bedeutet auch immer: Vergewisserung der Welt, ihrer Größe, ihrer Unberechenbarkeit. Irgendwann habe ich auf einer längeren Reise meistens das Gefühl, dass die Erde zwar begrenzt sein mag, aber nicht das, was wir auf ihr erleben können. Dieses Paradox empfinde ich als tröstlich. Reisen heißt: weggehen von mir selbst, während ich mich langsam auf mich zubewege.

2. Wie halten Sie Ihre Reiseeindrücke fest?

Ich mache mir Notizen, fotografiere und schreibe E-Mails. Diese Verbundenheit zu jenen, die daheimgebliebenen sind, hilft mir, die Fremde klarer zu fassen, weil ich, wenn ich anderen von ihr erzähle, mich um Genauigkeit bemühen muss.

3. Welche Orte sind für Sie Sehnsuchtsorte?

Sehnsuchtsorte sind für mich oftmals Orte, die für andere wichtig waren. Eine Reise nach England führte mich nicht nur an die Orte W. G. Sebalds, sondern auch in das Haus der Geschwister Brontë, zum Geburtshaus des Dichters Ted Hughes und in die Fitzroy Road 23 in London, in der sich Sylvia Plath das Leben nahm – interessanterweise erfuhr ich erst vor Ort, dass einst William Butler Yeats in diesem Haus gewohnt hat. Ich liebe den Norden ebenso wie den Süden, den Westen ebenso wie den Osten. Von der Fremde erhoffe ich mir neben neuen Eindrücken auch Linderung und Klärung, wiewohl ich nach einigen Reisen wissen sollte, dass ich mir nie ganz entkommen kann. Und das ist vielleicht auch ganz gut so.

Fragen: Vanessa Greiff. Mit Genehmigung von Nadja Küchenmeister

1 Den Begriff »Exotik« erfassen und anwenden können

Zu: Stefan George, *Einladung zur Reise* (*Reisen. Gedichte*, S. 18 f., ➤ ARBEITSBLATT 1, S. 12 f.)

Sachanalyse

Einladung zur Reise ist die Nachdichtung eines Gedichts aus Charles Baudelaires Sammlung *Die Blumen des Bösen* (*L'invitation au voyage* in: *Les fleurs du Mal*, 1901). Durch Stefan George wurden die französischen Gedichte im deutschen Sprachraum bekannt.

Einladung zur Reise beschreibt eine imaginierte, poetische Reise zu einem exotischen Ort. Der Fokus der folgenden Analyse wird auf die Darstellung des Ortes gerichtet.

Das Gedicht beginnt mit der Anrede »Meine schwester mein kind!« (V. 1). Der lyrische Sprecher äußert den Wunsch, eine Reise zu unternehmen, ausgedrückt durch das konjunktivische »[w]är« (V. 3). Der Zielort bleibt geografisch unbestimmt. Lediglich durch das Adverb »dorthin« (ebd.) wird die Ferne angedeutet. Es ist zu vermuten, dass die angesprochene Person die Rolle einer Muse oder einer Geliebten für den lyrischen Sprecher hat (vgl. V. 4 f.). Der Vergleich der Geliebten mit der Landschaft, die das Wunschziel der Reise ist (vgl. V. 6), eröffnet dem lyrischen Sprecher die Flucht in die Imagination.

Formal besteht das Gedicht aus drei Strophen mit gleichbleibendem Reimschema, die durch die refrainartig wiederholten Verse

»Dort wo alles friedlich lacht –
Lust und heiterkeit und pracht.«

voneinander getrennt werden.

Durch die unregelmäßige Rhythmisierung und die Kürze der Verse entstehen beim Lesen immer wieder kleine Unterbrechungen. Sie verstärken den Eindruck einer schnellen Abfolge von unscharf bleibenden Bildern und Andeutungen. Dennoch fügen sie sich in ein Großes und Ganzes ein. In mitunter konventionellen Bildern wird das Ideal eines exotischen Ortes hervorgerufen. Immer wieder tritt dabei diese gewisse Unschärfe hinzu wie beispielsweise »Verhülltes geleucht« (V. 8); aber auch Rätselhaftigkeit und Widersprüchlichkeit bleiben bestehen (vgl. V. 9 ff.).

Während in der ersten Strophe Land und Licht näher betrachtet werden, steht in der zweiten Strophe ein Innenraum im Fokus. Exotische Bilder und Elemente werden durch Formulierungen wie Blumen »[v]on seltenster art« (V. 19) – der Superlativ unterstützt hier den Eindruck der Ferne –, »ambraduft« (V. 20) – eine orientalische, kostbare Duftnote – oder »Ostens prunkgemache« (V. 23), die an einen orientalischen Raum erinnern, hervorgerufen. Nicht nur visuell und olfaktorisch wird die Exotik dargestellt, durch die Synästhesie »süsse heimatsprache« (V. 26) wird sie auch akustisch und den Geschmacksinn betreffend mit allen menschlichen Sinnen verbunden.

In der dritten Strophe steht das Bild einer Hafenstadt im Vordergrund: Die Schiffe (V. 30) evozieren zum einen Sehnsucht. Zum anderen wird durch die Wörter »gelüste« (V. 31) und »begehr« (V. 33) die Sinnlichkeit intensiviert. Das Farbspiel »gold und jazint« (V. 39) und die Wärme (vgl. V. 35) erzeugen abschließend eine wohlig-ruhige Stimmung. Der künstlerisch-fantasievolle Farbton »jazint« erinnert an »hyazinthe« in der Baudelaire'schen Vorlage. Die konkrete Farbvorstellung dieses Neologismus bleibt dem Leser überlassen, es entsteht ein besonderes, exotisches Farbenspiel. Das kurze Aufscheinen der Bilder, formal durch die Kürze der Verse und die rhythmische Unregelmäßigkeit erzeugt, wird durch die visuellen Reize des Glitzerns (V. 12), Flimmerns (V. 20), und des Glanzes (V. 40) verstärkt.

Der paradiesische Zustand wird in den refrainartig wiederholten Zwischenstrophen immer wieder aufgegriffen. *Einladung zur Reise* ist ein zutiefst sinnliches Gedicht, das ein Schwelgen der Gedanken in der Vorstellung eines imaginierten, exotischen Ortes zulässt.

Unterrichtsverlauf

Überblick. Die Lernenden nähern sich zunächst in freien Assoziationen und über ihr Weltwissen dem Begriff der »Exotik« und können diesen in eigenen Worten erklären.

Sie erfassen den Inhalt des Gedichts *Einladung zur Reise* und können dieses mit Blick auf die dargestellte Exotik deuten. Darüber hinaus sind die Lernenden in der Lage, exotische Elemente in weiteren Gedichten zu erkennen und zu deuten. **! Verkürzter Verlauf: 1.1 – 1.2 – 1.3 – 1.5**

Phase	Thema	Sozialform	Kompetenzen und Lernziele	Materialien
Voraussetzungen: keine				
1.1	Einstieg: Annährung an den Begriff »Exotik«	UG / Prinzip der wachsenden Gruppengröße	• S können den Begriff definieren und nutzen dabei ihr Weltwissen	VORLAGE 1 **fakultativ**
1.2	Erarbeitung 1: Erstellen eines Assoziogramms	PA	• S können ihre Ergebnisse visualisieren	
1.3	Erarbeitung 2: Untersuchung der Darstellungsweise von Exotik im Gedicht *Einladung zur Reise*	EA / UG	• S erfassen den Inhalt des Gedichts, erkennen exotische Elemente und können diese in eigenen Worten benennen	ARBEITSBLATT 1
1.4 **fakultativ**	Sicherung: Funktionale Deutung der Exotik und der sinnlichen Erfahrung	EA	• S verfassen einen Fließtext und können die Exotik funktional deuten	
1.5	Transfer: Erweiterung der Definition	EA / PA	• S ziehen wissenschaftliche Nachschlagewerke zu Rate und erweitern ihre zu Beginn aufgestellte Definition	Lexika/Internet
1.6 **fakultativ**	Vertiefung/Differenzierung: Arbeit mit der Anthologie	EA / GA	• S erkennen in anderen Gedichten exotische Aspekte und können diese vergleichend analysieren und deuten	

1.1 Einstieg: Annährung an den Begriff »Exotik«

Unterrichtsschritt. Impulsfrage: Woran denken Sie, wenn Sie den Begriff »Exotik« hören? Welche Bilder, Klänge, Gefühle und Gerüche werden in Ihren Gedanken wachgerufen? UG

Hier ist eine Sammlung der Ergebnisse im Plenum möglich. Um alle Lernenden zu aktivieren, ist auch das Prinzip der wachenden Gruppengröße denkbar: der Austausch erfolgt zunächst in Zweier-, dann in Vierergruppen und schließlich im Plenum. VORLAGE 1 ➤ S. 10

Alternative. Statt der freien Assoziation, die die Vorstellungskraft der Schüler aktiviert, ist der (unterstützende) Einstieg mit einem Bildimpuls möglich. Dazu bietet sich das Gemälde von Paul Gauguin, *Matamoe* oder *Landschaft mit Pfauen*, an.

1.2 Erarbeitung 1: Erstellen eines Assoziogramms

Unterrichtsschritt. Die Visualisierung des Ergebnisses hilft den Lernenden, später eine Definition zu formulieren, die Gedanken zu strukturieren und den eigenen Lernzuwachs zu verfolgen, indem sie in Lernschritt 1.5 hierauf zurückgreifen. PA

TAFELBILD 1 ➤ S. 11

Arbeitsauftrag
- Erstellen Sie ein Assoziogramm.

VORLAGE 1 Paul Gauguin, *Matamoe* oder *Landschaft mit Pfauen* (1892)

1.3 Erarbeitung 2: Untersuchung der Darstellungsweise von Exotik im Gedicht *Einladung zur Reise*

EA / UG

ARBEITSBLATT 1
➤ S. 12 f.

Lösungshinweise
➤ S. 67

Unterrichtsschritt. Erarbeitet wird in vier Arbeitsschritten die Darstellungsweise von Exotik unter besonderer Berücksichtigung der angesprochenen Sinne. Die Lernenden erhalten dazu das ARBEITSBLATT 1 ***Stefan George: Einladung zur Reise*** mit den entsprechenden Arbeitsaufträgen.

Nach einer Inhaltssicherung durch die kurze Zusammenfassung der einzelnen Strophen (1.) erfolgt die Fokussierung auf die im Gedicht dargestellte Exotik (2.). Da die sinnliche Wahrnehmung in unmittelbarem Zusammenhang mit dem Erleben der Exotik steht, sollten diese Eindrücke und Wahrnehmungen gesondert aufgeführt werden (3.).

Das Zwischenergebnis kann arbeitsteilig von verschiedenen Schülern präsentiert werden, so dass die Ergebnisse verglichen, diskutiert und ggf. ergänzt werden und für alle Schüler die Grundlage für den abschließenden Arbeitsauftrag (4.) gesichert ist (s. 1.4).

TAFELBILD 1

Ferne

Kostbarkeiten

Lotusblüten/Orchideen

Raritäten

Tropen

Besonderheiten

Fernost/Asien

Exotik

Papageien

noch nie gehörte Sprachen und Musik

Zimt/Vanille

fremde Kulturen

Sonnenlicht

bunt

1.4 Sicherung: Funktionale Deutung der Exotik und der sinnlichen Erfahrung (fakultativ)

Unterrichtsschritt. Die Darstellungsweise von Exotik, insbesondere ihre sinnliche Erfahrung, wird in einem Fließtext im Zusammenhang dargestellt und gedeutet (4.). EA

Mit dem Blick auf das Verfassen von Interpretationsaufsätzen ist es sinnvoll, die Ergebnisse auszuformulieren. Aus zeitlichen Gründen kann dieser Schritt auch als Hausaufgabe gegeben werden. ARBEITSBLATT 1

1.5 Transfer: Erweiterung der Definition

Unterrichtsschritt. Durch die Verwendung einschlägiger Nachschlagewerke (z.B.: etymologische Wörterbücher, *Wörterbuchnetz* – *www.woerterbuchnetz.de* – oder das *Digitale Wörterbuch der Deutschen Sprache* – *www.dwds.de*) werden die Lernenden an ein wissenschaftliches Arbeiten herangeführt. EA / PA

In diesem Unterrichtsschritt, der die Formulierung des Begriffs Exotik verlangt, finden der Rückbezug zum Beginn der Stunde (Assoziogramm) und eine Abstrahierung der analytischen und (teil-)interpretatorischen Arbeit (1.3 und 1.4) statt.

1.6 Vertiefung/Differenzierung: Arbeit mit der Anthologie (fakultativ)

Unterrichtsschritt. Dieser Unterrichtsschritt stellt ein Vertiefungs- und Differenzierungsangebot für die Lernenden dar. Die Schüler erkennen in weiteren Gedichten der Anthologie Aspekte von Exotik und können diese vergleichend analysieren und deuten. Dieses Wissen kann im Laufe der Unterrichtseinheit immer wieder aufgegriffen und vertieft werden. EA / GA

Ein Differenzierungsangebot in Einzel- oder Gruppenarbeit ist möglich, ggf. Bildung von Expertengruppen, die ihr vertieftes Wissen im Laufe der Unterrichtseinheit an den Kurs weitergeben.

ARBEITSBLATT 1

STEFAN GEORGE

Einladung zur Reise[1]

Inhalt

Exotik

Meine schwester mein kind!
Denk dir wie lind[2]
Wär es dorthin zu entweichen!
Liebend nur sehn
Liebend vergehn
In ländern die dir gleichen!
Der sonnen feucht
Verhülltes geleucht
Die mir so rätselhaft scheinen
Wie selber du bist
Wie dein auge voll list
Das glitzert mitten im weinen.

Dort wo alles friedlich lacht –
Lust und heiterkeit und pracht.

Die möbel geziert
Durch die jahre poliert
Ständen in deinem zimmer
Und blumen zart
Von seltenster art
In ambraduft[3] und flimmer.
Die decken weit
Die spiegel breit
In Ostens prunkgemache
Sie redeten dir
Geheimnisvoll hier
Die süsse heimatsprache.

Dort wo alles friedlich lacht –
Lust und heiterkeit und pracht.

ARBEITSBLATT 1 (Fortsetzung)

Inhalt

Sieh im kanal
Der schiffe zahl
Mit schweifenden gelüsten!
Sie kämen dir her
Aufs kleinste begehr
Von noch so entlegenen küsten.
Der sonne glut
Ersterbend ruht
Auf fluss und stadt und die ganze
Welt sich umspinnt
Mit gold und jazint[4]
Entschlummernd in
tief-warmem glanze.

Dort wo alles friedlich lacht –
Lust und heiterkeit und pracht.

Exotik

sinnliche Wahrnehmung des Ortes

1 Nachdichtung eines Gedichts aus Charles Baudelaires Sammlung *Die Blumen des Bösen*
2 schön, angenehm
3 erdig, warmer Duft; Ambra ist sehr kostbar
4 Die Farbe wird von der Pflanze Hyazinthe abgeleitet.

Arbeitsaufträge:

1. Lesen Sie das Gedicht. Fassen Sie den Inhalt der einzelnen Strophen kurz zusammen (linke Spalte).
2. Untersuchen Sie das Gedicht mit Blick auf die dargestellte Exotik: Notieren Sie, welche Eigenschaften einem exotischen Ort zugeschrieben werden (rechte Spalte).
3. Untersuchen Sie die sinnliche Wahrnehmung des Ortes und halten Sie Ihr Ergebnis fest (unteres Feld).
4. Fassen Sie Ihre stichpunktartigen Ergebnisse in einem Fließtext zusammen.

2 Stil und Form eines klassischen Gedichts analysieren

Zu: Johann Wolfgang Goethe, *Kennst du das Land? wo die Zitronen blühn* (*Reisen. Gedichte*, S. 29, ➤ ARBEITSBLATT 2, S. 19)

Sachanalyse

Kennst du das Land? wo die Zitronen blühn (später auch unter dem Titel *Mignon*) gehört zu den bekanntesten Gedichten Johann Wolfgang Goethes und stammt aus dem Roman *Wilhelm Meisters Lehrjahre* (1795/96). Darin werden die Verse von der Romanfigur Mignon gesungen. Das in dem Gedicht entworfene Italienbild entspricht dem der Klassizisten des 18. Jahrhunderts und prägte lange Zeit das Wunsch- und Sehnsuchtsbild der Deutschen.

Formal besteht das Gedicht aus drei analog aufgebauten Strophen, die jeweils mit der gleichen Frageform »Kennst du […]?« beginnen. Diese Wiederholung verbindet die in dem Gedicht entworfenen Bilder lose miteinander. Auch die jeweils letzten beiden Verse einer jeden Strophe wiederholen sich, in leichten Abwandlungen, refrainartig, was dem Gedicht einen Liedcharakter verleiht. Der Jambus, der durch keine Zäsur unterbrochen wird, fließt in dem Gedicht gleichmäßig dahin und unterstreicht die Wirkung von klassizistischer Ebenmäßigkeit.

Inhaltlich entwirft Mignon (das lyrische Ich) ein Bild ihrer Heimat Italien in drei Schritten: Natur (Strophe 1), Architektur und Kunst (Strophe 2) und den Weg in die Heimat (Strophe 3): »Vom Allgemeinen zum Besonderen fortschreitend, zeichnet sie zuerst ein Bild des Rahmens, in dem irgendwo das Haus, der von ihr ersehnte Hort, steht; dann erst verweist sie auf den Weg dahin.«[1]

In den ersten zwei Strophen erzeugen die Substantive »Zitronen«, »Gold-Orangen«, »Myrte« und »Lorbeer« sowie die »Säulen« und »Marmorbilder« vor dem inneren Auge des Rezipienten das idealisierte Bild einer südlichen Landschaft. Dass es sich um Italien handelt, ist dem Gedicht nicht direkt zu entnehmen, sondern aus dem Romankontext zu erschließen. Heutzutage wirken die entworfenen Bilder beinahe oberflächlich und stereotyp. Zur Entstehungszeit des Gedichts waren die Zitrusfrüchte, die Myrte und der Lorbeer jedoch durchaus exotisch. »So erscheint das Land als ein der Zeit und damit gewissermaßen auch der Wirklichkeit enthobenes Paradies.«[2] Insbesondere die Gleichzeitigkeit von blühenden Pflanzen (V. 1) und reifen Früchten (V. 2) »wird als Kennzeichen arkadischer, idyllischer Landschaft zitiert«.[3] Mit dem »Haus« (V. 7) spielt Goethe wohl auf die berühmte Villa Rotonda des Renaissance-Architekten Andrea Palladio bei Vicenza an, für die Goethe eine zeittypische Begeisterung hegte und die er als vollkommene Verkörperung des klassizistischen Architekturideals betrachtete.[4]

Die liebliche Wirkung der Naturbilder in der ersten Strophe und die Kunstdarstellungen der zweiten Strophe lassen Italien als idealisiertes Land der Liebe und Kunst erscheinen: Nicht zufällig werden am Ende der ersten Strophe vor dem Refrain (V. 4) »Myrte« (der Aphrodite, Göttin der Liebe, zugeordnet) und »Lorbeer« (Attribut Apollos, des Gottes der Dichtkunst) chiastisch gegenübergestellt.[5]

Der zu überwindenden Barriere der Alpen widmet sich die dritte Strophe: Die Substantive »Berg«, »Wolkensteg«, »Maultier«, »Nebel«, »Höhlen«, »Drachen«, »Fels« und »Flut« verleihen der Strophe einen anderen Charakter. Die Naturkulisse der nördlichen Alpen wird der freundlichen italienischen Natur- und Kulturkulisse der ersten beiden Strophen gegenübergestellt. Sie wirkt bedrohlich und kalt.

Die Verbindung des Hochgebirges mit mythischen Wesen wie Drachen war weit verbreitet. Dies hält auch Goethe am Ende des 18. Buches von *Dichtung und Wahrheit* fest. Dort schildert er seine Eindrücke im schweizerischen St.-Gotthard-Gebiet im Jahre 1775 und erinnert sich, wie leicht es hier seiner Vorstellungskraft gefallen sei, »sich Drachennester in den Klüften« zu denken. »[Z]weifellos diente die Tatsache, dass der vom Norden kommende Reisende die Alpen überqueren muss, bevor er nach Italien gelangt, als Ausgangspunkt der Strophe, doch überhöht Goethe auch hier das realistische Detail dadurch, dass er einerseits der zeitgenössischen Klimatheorie gemäß – wie dann in dem Tagebuch der italienischen Reise – den Kontrast zwischen Norden und Süden, zwischen dem Nebel und dem heiteren Himmel sowie dem sanften Wind betont, andererseits die wilde Natur, die der Sturzbach versinnbildlicht, dämonisiert […], so dass hier der Kontrast zwischen Norden und Süden

1 Gonthier-Louis Fink, »*Kennst du das Land? wo die Zitronen blühn* in der Sicht von gestern und heute«, in: *Goethe-Gedichte. Zweiunddreißig Interpretationen*, hrsg. von Gerhard Sauder, München/Wien 1996, S. 108–123, hier S. 112.

2 Ebd., S. 114.

3 Johann Wolfgang Goethe, *Gedichte. Studienausgabe*, hrsg. von Bernd Witte, Stuttgart 2001 [u. ö.], S. 600.

4 Vgl. ebd.

5 Vgl. ebd.

zugleich den von dämonischer Natur und von harmonischer Natur und Kunst widerspiegelt, ja, an den von Barbarei und Kultur erinnert.«[6]

Dieser atmosphärische Wechsel wird bereits im letzten Vers der zweiten Strophe vor dem Refrain (V. 11), also in der Mitte des Gedichts,[7] eingeleitet: »Was hat man dir, du armes Kind, getan?« Die Beschädigung des lyrischen Ichs, an das sich die Frage richtet, wird nicht näher bezeichnet. Formal enthält diese Frage viele kurze Vokale und viele kurze, meist einsilbige Wörter, so dass eine gewisse Härte in den Klang kommt, die die Änderung der Stimmung begleitet.

Besonderes Augenmerk soll bei der Analyse des Gedichts auf die Klanglichkeit gelegt werden; folgende Aspekte sollen deswegen noch hervorgehoben werden: Die Versenden werden klanglich durch lange Vokale im Reim bestimmt. Die Paarreime, stets männliche Kadenzen, »blühn«/»glühn«, »weht«/»steht«, »Dach«/»Gemach«, »an«/»getan«, Wolkensteg«/»Weg«, »Brut«/»Flut« wirken dadurch äußerst sonor und verbinden die Verse und damit die einzelnen Bilder eng miteinander. Die Alliterationen »Wind«/»weht« (V. 3), »still«/»steht« (V. 4), »Fels«/»Flut« (V. 18) verstärken zusätzlich die Bindung und unterstützen die Gestaltung harmonisch runder Bilder.

Die Assonanzen in den refrainartigen Endversen der Strophen »Dahin! dahin« / »ziehn« vermitteln, unterstützt durch die Dehnung des hellen i-Lautes, die Empfindung der Sehnsucht.

Eingeleitet werden alle Strophen durch den konsonantisch hart klingenden Einsatz mit »Kennst«, der damit Zäsuren zwischen den Strophen bildet, die den inhaltlichen Veränderungen entsprechen. Es folgt jeweils »das Spiel weicher, stimmhafter Konsonanten und im Zusammenhang mit mehrfachen Alliterationen der Farbenreichtum der betonten Vokale, so daß selbst die zwei ›o‹ von […] ›hoch‹ und ›Lorbeer‹ feierlich wirken und das Italienlied sich gerade durch seine Musikalität auszeichnet«.[8]

Fink beobachtet auch in der letzten Strophe die Präsenz der ganzen Vokallautskala, »doch herrscht zunächst das neutrale ›e‹ vor, bis dann im dritten und im vierten Vers das ›u‹ des Reims eine dunkle Note bringt und im Verein mit der Wortbedeutung bedrohlich wirkt«.[9]

Die atmosphärische Verdunkelung in der dritten Strophe wird auch klanglich im Refrain abgebildet. Während die Refrains der ersten und zweiten Strophe weitgehend identisch sind und überwiegend helle i-Laute enthalten, bietet die dritte Strophe eine Variation mit abgedunkelten Vokalen. Mit der thematischen Verschiebung, die Alpen als bedrohliches Hindernis auf dem Weg nach Italien, korrespondiert inhaltlich im letzten Refrain eine Intensivierung vom sehnsüchtigen Wunsch der ersten beiden Strophen, dorthin zu reisen (Konjunktiv »Möcht'«, V. 6, 12), zur direkten Aufforderung, das Hindernis zu überwinden (Indikativ »Geht« und Imperativ »lass«, V. 18).

6 Fink (Anm. 1), S. 116.
7 Ebd., S. 115.
8 Ebd., S. 114.
9 Ebd., S. 117.

Unterrichtsverlauf

Überblick. Die Lernenden setzen sich intensiv mit den Stil- und Formmerkmalen sowie den entworfenen Bildern des Gedichts auseinander und können diese funktional deuten.

Phase	Thema	Sozialform	Kompetenzen und Lernziele	Materialien
Voraussetzungen: keine				
2.1	Einstieg: Hinführung und Sensibilisierung	GA / UG Alternative: Gruppenpuzzle	• S können die bildlichen Darstellungen objektiv und in ihrer Wirkung beschreiben • S können die Ergebnisse adressatengerecht präsentieren	VORLAGE 2
2.2	Erarbeitung 1: Rezeption des Gedichts unter klanglichen Aspekten	UG / EA	• S hören das Gedicht und untersuchen die klangliche Struktur	Hörfassung des Gedichts (z. B. *YouTube*) ARBEITSBLATT 2

2.3	Erarbeitung 2: Analyse der Form, Stilmittel und Bilder	EA	• S können das Gedicht analysieren und die Bilder herausarbeiten • S können die Ergebnisse präsentieren	ARBEITSBLATT 2
2.4	Erarbeitung 3: Deutungshypothesen formulieren	EA	• S können Wirkungsweisen formulieren und daraus eine Deutungshypothese ableiten	ARBEITSBLATT 2
2.5	Transfer: Deutungshypothesen beurteilen	UG	• S können einen Rückbezug zu den Abbildungen (s. 2.1) herstellen	ARBEITSBLATT 2 VORLAGE 2

2.1 Einstieg: Hinführung und Sensibilisierung

GA / UG

VORLAGE 2

➤ S. 17

Unterrichtsschritt. Die Lernenden werden in vier Gruppen eingeteilt und erhalten jeweils eine der Abbildungen aus VORLAGE 2. Diese sollen zunächst beschrieben werden. Anschließend sollen die Lernenden die Wirkung festhalten, die die Darstellungen auf sie haben.

Hinweis zur Differenzierung: Stärkere Schüler können zu den Abbildungen 2 und 3 zusätzlich Hintergrundinformationen recherchieren und einbeziehen.

Die Lernenden präsentieren die Ergebnisse der Gruppenarbeit. Zentrale Erkenntnisse werden bei der Besprechung im Unterrichtsgespräch festgehalten, insbesondere der atmosphärische Gegensatz zwischen schroffer Bergwelt und lieblicher italienischer Natur und Architektur.

Erläuterungen zu den Abbildungen. Es handelt sich um:

1. Johann Heinrich Wilhelm Tischbein (1751–1829), *Felswände mit Laubbaum und Wanderer*, Klassik Stiftung Weimar, Museen. Identnr. 28548.
2. Johann Wolfgang Goethe, *Scheideblick vom St. Gotthard nach Italien* (1775), Klassik Stiftung Weimar, Museen. Identnr. 209652.
3. Johann Heinrich Wilhelm Tischbein, *Goethe in der Campagna* (1787), Städel Museum, Frankfurt am Main.
4. Carl Gustav Carus (1789–1869), *Erinnerung an Sorrent* (1828), Privatbesitz.

Alternative. Hier kann die Methode des Gruppenpuzzles angewandt werden. Bei dieser Methode ist die Ergebnissicherung bereits integriert.

2.2 Erarbeitung 1: Rezeption des Gedichts unter klanglichen Aspekten

UG / EA

ARBEITSBLATT 2

➤ S. 19

Lösungshinweise ➤ S. 68

Unterrichtsschritt. Zunächst hören die Lernenden das Gedicht *Kennst du das Land? wo die Zitronen blühn.* In einem kurzen Unterrichtsgespräch werden die ersten Eindrücke ausgetauscht.

Dann erhalten die Lernenden das Gedicht in Textform (ARBEITSBLATT 2 ***Goethe: Kennst du das Land? wo die Zitronen blühn***) und werden aufgefordert, in Einzelarbeit bei nochmaligem Hören besondere klangliche Merkmale im Gedichttext farblich zu markieren und, sofern möglich, bereits klangliche Stilmittel zu benennen (Arbeitsauftrag 1).

Erläuterungen zu den Tonaufnahmen. Abrufbar z. B. auf *YouTube* unter:

- https://youtu.be/MQshIVMO8SM oder
- https://youtu.be/4dUPoMdtpvc

Alternative. Zur vertiefenden Auseinandersetzung und Sensibilisierung der Wahrnehmung der klanglichen Qualität lyrischer Texte ist für den ersten Teil des Unterrichtsschritts die Erarbeitung eines Gedichtvortrags möglich.

VORLAGE 2

1. Tischbein, *Felswände mit Laubbaum und Wanderer*
2. Goethe, *Scheideblick vom St. Gotthard nach Italien*
3. Tischbein, *Goethe in der Campagna*
4. Carus, *Erinnerung an Sorrent*

2.3 Erarbeitung 2: Analyse der Form, Stilmittel und Bilder

Unterrichtsschritt. Die Lernenden werden aufgefordert, das Gedicht nach Form und Inhalt zu analysieren und die Wirkung der Analyseergebnisse festzuhalten. Dazu sollen die Spalten »Bilder« (pro Strophe) sowie »Formmerkmale/Stilmittel« und »Wirkung« auf dem ARBEITSBLATT 2 in Einzelarbeit ausgefüllt werden (Arbeitsauftrag 2 und 3). EA / UG ARBEITSBLATT 2

Im anschließenden Unterrichtsgespräch werden die Ergebnisse präsentiert, besprochen und ggf. korrigiert und ergänzt.

2.4 Erarbeitung 3: Deutungshypothese formulieren

EA

ARBEITSBLATT 2

Unterrichtsschritt. Die Lernenden können nun eigenständig eine Deutungshypothese formulieren (ARBEITSBLATT 2, Arbeitsauftrag 4). Eine mögliche Hypothese lautet: Das Gedicht thematisiert die Sehnsucht nach einem fernen Ort im Süden. Es werden Sehnsuchtsbilder der Deutschen im 18. Jahrhundert sowie idealisierte Bilder des Südens, vermutlich Italien, aufgerufen. Kontrastiv wird diesem Sehnsuchtsort die bedrohliche Naturkulisse der Alpen, die zu überwinden sind, gegenübergestellt, wodurch die Intensität des Sehnsuchtsgefühls verstärkt wird.

2.5 Transfer: Deutungshypothesen beurteilen

UG

ARBEITSBLATT 2
VORLAGE 2

Unterrichtsschritt. Im Unterrichtsgespräch werden exemplarisch Deutungshypothesen durch die Lernenden bewertet. Dabei sollen die Lernenden nach der Auseinandersetzung mit dem Gedicht nun den Rückbezug zu den Abbildungen der Hinführung (2.1) herstellen (ARBEITSBLATT 2, Arbeitsauftrag 5; VORLAGE 2).

Hausaufgabe

Interpretieren Sie das Gedicht (ARBEITSBLATT 2, Arbeitsauftrag 6).

ARBEITSBLATT 2

JOHANN WOLFGANG GOETHE

Mignon

Kennst du das Land? wo die Zitronen blühn,
Im dunkeln Laub die Gold-Orangen glühn,
Ein sanfter Wind vom blauen Himmel weht,
Die Myrte still und hoch der Lorbeer steht,
Kennst du es wohl?
Dahin! Dahin
Möcht' ich mit dir, o mein Geliebter, ziehn.

Kennst du das Haus? Auf Säulen ruht sein Dach,
Es glänzt der Saal, es schimmert das Gemach,
Und Marmorbilder stehn und sehn mich an:
Was hat man dir, du armes Kind, getan?
Kennst du es wohl?
Dahin! Dahin
Möcht' ich mit dir, o mein Beschützer, ziehn.

Kennst du den Berg, und seinen Wolkensteg?
Das Maultier sucht im Nebel seinen Weg;
In Höhlen wohnt der Drachen alte Brut;
Es stürzt der Fels und über ihn die Flut.
Kennst du ihn wohl?
Dahin! Dahin
Geht unser Weg! o Vater, lass uns ziehn!

Arbeitsaufträge:

1. Markieren Sie im Text klangliche Auffälligkeiten und Stilmittel.
   Fakultativ: Bereiten Sie einen Gedichtvortrag vor. Legen Sie ein besonderes Augenmerk auf die Darstellung der Klanglichkeit.
2. Analysieren Sie das Gedicht. Gehen Sie dabei auf Bilder sowie Formmerkmale und Stilmittel ein, und arbeiten Sie weitere Stilmittel heraus.
   a) Visualisieren Sie im Gedicht Zusammenhänge und Gegensätze.
   b) Halten Sie die Ergebnisse in den Spalten 1 (Bilder) und 2 (Formmerkmale/Stilmittel) fest.
3. Welche Wirkung wird über Form, Bildlichkeit und die verwendeten Stilmittel erzielt? Halten Sie die Ergebnisse in Spalte 3 (Wirkung) fest.
4. Formulieren Sie auf Basis der Analyseergebnisse eine Deutungshypothese.
5. Stellen Sie einen Bezug zwischen den Abbildungen 1–4 und dem Gedicht her.
6. Interpretieren Sie das Gedicht.

3 Motive der Romantik erkennen und deuten

Zu: Joseph von Eichendorff, *Es schienen so golden die Sterne* (*Reisen. Gedichte*, S. 28 ➤ ARBEITSBLATT 3b, S. 25)

Sachanalyse

Eichendorffs Gedicht *Es schienen so golden die Sterne*, vermutlich als Verseinlage des 1833 erschienenen Romans *Dichter und ihre Gesellen* entstanden, spricht ein zentrales Gefühl der Romantik an: die Sehnsucht. So lag es nahe, das Gedicht vier Jahre später im Rahmen einer Sammelausgabe mit dem Titel *Sehnsucht* zu überschreiben. Die Anziehungskraft, die das Gedicht auf seine Leser seit jeher ausübt, begründet sich damit, dass es Eichendorff gelingt, »die charakteristische Grundstruktur« dieser »romantischen Bewusstseinslage«[1] und die hieraus entstehende Dichtung exemplarisch vorzuführen.

Das Gedicht, das sich in drei Strophen zu je acht Versen gliedert, beginnt mit der Beschreibung einer in der Vergangenheit zurückliegenden Nachtszene: die Sterne scheinen golden (V. 1), das lyrische Ich steht einsam an einem Fenster und blickt in die Ferne (V. 2). Dieses für die Romantik typische Fenstermotiv spielt in Eichendorffs Gedicht eine wichtige Rolle. Hervorzuheben ist dabei seine Zweideutigkeit: Einerseits stellt das Fenster eine Verbindung zwischen Innenraum und Außenwelt dar (es ermöglicht den Blick nach draußen und lässt Klänge von außen in den Innenraum dringen), andererseits wirkt es jedoch auch als Barriere (das lyrische Ich kann den Raum nicht durch das Fenster verlassen). Eng mit dem Fenstermotiv ist die dualistische Welterfahrung des lyrischen Ich verbunden, wie sie gleich zu Beginn des Gedichts dargestellt wird und typisch für die Romantik ist: Das lyrische Ich bewundert einerseits Natur und Weite, fühlt andererseits aber zugleich schmerzlich sein Eingeschränkt- und Verhaftetsein. Littlejohns zieht hier einen Vergleich zu E.T.A. Hoffmanns Protagonisten Anselmus aus dem Roman *Der goldne Topf* (1814), der sich in eine Kristallflasche, Symbol für die beengende Alltagswelt, eingesperrt sieht. Er führt hierzu aus: »So ergeht es jedem Romantiker: Eingeschlossen in seiner Individuation, in der Enge des bürgerlichen Lebens, in der geschichtlichen Wirklichkeit, erblickt er ›unsichtbar sichtbar‹ […] die vollkommene Herrlichkeit und Freiheit draußen und erstickt vor Klaustrophobie. Nicht anders das Ich in Eichendorffs Gedicht, dessen Haus zum Symbol der Einengung und der Isolation des Einzelnen wird, dessen Fenster aber zum Symbol des theoretisch möglichen, doch praktisch unmöglichen Entkommens.«[2] Ein akustisches Signal, das zum Aufbruch mahnende Posthorn (V. 4), durchbricht in Eichendorffs Gedicht die Stille, woraufhin das »Herz« des im Haus befindlichen lyrischen Ichs »entbrennt[ ]« (V. 5) und es seiner Sehnsucht zu reisen Ausdruck verleiht: »Ach, wer da mitreisen könnte« (V. 7). Dieser Wunsch wird im Konjunktiv II formuliert und durch den metrisch hervorgehobenen Ausruf »Ach« eingeleitet, der das Bedauern des lyrischen Ich ausdrückt und den potenziellen Optativ zu einem Irrealis werden lässt. Ein Spiel zwischen Phantasie und Wirklichkeit beginnt.

In der zweiten Strophe wird das Gedicht dynamischer, und zugleich gewinnt das Motiv der Musik an Bedeutung: Das lyrische Ich beobachtet nun zwei junge Gesellen, die singend am Berghang vorüberziehen (V. 9–11). Wie Littlejohns feststellt, wird das hörende Ich der zweiten Strophe hierbei allerdings in keine zeitliche oder räumliche Beziehung zu dem Ich der ersten Strophe gesetzt. Zudem bestehe keine syntaktische Bindung zwischen den beiden Strophen, woraus er schließt: »Kein Zweifel: Die zusammen reisenden Gesellen im Freien, musizierend und sich bewegend, sind eben Surrogate, Wunschträume des auf sich selbst angewiesenen Einzelnen im Hausinnern, schweigend und statisch.«[3] Die Szene erscheint somit als eine »kompensatorische Phantasie« des lyrischen Ich, was nach Littlejohns entscheidend für das Verständnis des Gedichts ist: »Gegenstand und Substanz dessen sind demnach nicht die freilich stimmungsvoll herbeigesungenen Landschaften, sondern das Gefühlserlebnis des erlebenden Ich. Es erlebt […] das Heraufkommen […] einer Reihe sich potenzierender Visionen.«[4] Hierin ist letztlich ein dichterischer Schaffensvorgang zu sehen: Das Signal des Posthorns befeuert »den deprimierten Gefangenen […], Projektionen des Reisens und der Gemeinschaft aufzustellen, sogar der Geselligkeit, insofern diese Kollokation bei der Nennung der Gesellen mitschwingt.«[5] Genau in der Mitte des Gedichts, markiert durch den

1 Richard Littlejohns, »Sehnsucht und kein Ende. Eichendorffs Gedicht im Zusammenhang des romantischen Denkens«, in: *Aurora* 49 (1989), S. 37–45, hier S. 37 f.

2 Ebd., S. 39.
3 Ebd., S. 38.
4 Ebd., S. 38.
5 Ebd., S. 40.

Doppelpunkt am Ende des zwölften Verses, wird die situative Beschreibung der beiden Wanderer durch die inhaltliche Wiedergabe ihres Liedes abgelöst: Zunächst singen sie von »schwindelnden Felsenschlüften« (V. 13) und von in die Tiefe stürzenden Quellen (V. 15) – also von einer wild und bedrohlich wirkenden Naturlandschaft. Auffällig ist, dass an dieser Stelle im Unterschied zu den anderen Strophen nicht von einer »Sommernacht« (V. 8 und 24), sondern von einer »Waldesnacht« (V. 16) die Rede ist, was die nun düster-geheimnisvolle Atmosphäre unterstreicht.

In der dritten Strophe wechselt das Thema des Liedes: Nun wird eine Kulturlandschaft heraufbeschworen, die allerdings topografisch unkonkret bleibt. Dennoch wird deutlich, dass der Gesang der Gesellen den Rezipienten in eine südländische Gegend führt, wovon die idealisierten, traditionellen Motive Marmorbilder (V. 16), Gärten (V. 17 f.) und Paläste im Mondenschein (V. 19) zeugen. Insgesamt stellt das Gedicht eine Reise vom Norden in den Süden dar, was die Bilder der »schwindelnden Felsenschlüfte[]« (V. 13) nahelegen, die eine Gebirgsüberquerung andeuten. Vor der südlichen Kulisse erfährt das Motiv der Musik eine Potenzierung: innerhalb des Liedes wird von Lautenklängen berichtet. Und auch das Motiv des Zuhörers am Fenster wird variierend aufgegriffen und erfährt somit eine Verdopplung: Mädchen lauschen am Fenster »der Lauten Klang« (V. 21 f.). Im letzten Vers singen die Wanderer von einer »prächtigen Sommernacht« (V. 23) – und mit der Beschreibung einer Sommernacht begann auch das Gedicht.

Diese Wiederholung des achten Verses im Schlussvers rundet das Gedicht nicht einfach nur ab: Während das Ausrufezeichen am Ende der ersten Strophe den wehmütigen Wunsch des lyrischen Ich, ausgedrückt durch den Ausruf »Ach« (V. 7) und den Konjunktiv II, betont, und die Sehnsucht auf einer zweiten Ebene, dem Lied, als Gedankenreise eine Steigerung erfährt, lässt im Gegensatz hierzu der Gedankenstrich am Ende der dritten Strophe das lyrische Ich und den Rezipienten gleichsam in einem Schwebezustand und führt sie wieder an den Anfang des Gedichts zurück. Es ist durchaus denkbar, dass die Sehnsucht fortwirkt und die Gedankenreise wieder von Neuem durchgeführt wird. Diese sich stets von Neuem aufbauende und erfahrende Sehnsucht spiegelt ein Grundprinzip des romantischen Sehnsuchtsgedankens wider. Littlejohns resümiert: »Insofern die erste Strophe als Rahmen dient und die Lieder des Innengedichts als Eingebungen des lyrischen Ich enthüllt, erzählt und erklärt das Gedicht seine eigenen Ursprünge, seine Entstehungsgeschichte.«[6] Eichendorffs Gedicht, so Littlejohns weiter, beschreibt eine Entdeckungsreise, »doch erforscht werden hier keine objektiv besuchten Länder, sondern ersehnte Erlebnisse des Ich«.[7]

6 Ebd.
7 Ebd., S. 41.

Unterrichtsverlauf

Überblick. Die Lernenden setzen sich mit zentralen Motiven der Romantik auseinander und können romantische Bilder und Symbole erkennen und funktional deuten. Im Zentrum steht dabei die differenzierte Auseinandersetzung mit dem romantischen Motiv Sehnsucht. ! **Verkürzter Verlauf: 3.1 –3.2 –3.3 –3.4 – 3.5**

Phase	Thema	Sozialform	Kompetenzen und Lernziele	Materialien
Voraussetzungen: keine				
3.1	Einstieg: Gestaltender Umgang mit Bildmotiven der Romantik	EA	• S gestalten einen inneren Monolog bzw. ein Gespräch ausgehend von einem Bildimpuls	ARBEITSBLATT 3a
3.2	Ergebnissicherung: Zentrale Motive der Romantik	UG	• S stellen ihr Schreibergebnis vor und leiten daraus sowie aus der Bildbetrachtung zentrale Motive der Romantik ab	TAFELBILD 3
3.3	Erarbeitung 1: Inhalt des Gedichts erfassen	PA	• S erfassen den Inhalt des Gedichts	ARBEITSBLATT 3b

3.4	Erarbeitung 2: Gedichtanalyse unter besonderer Berücksichtigung der Darstellung der Sehnsucht	PA / UG	• S erkennen zentrale Motive der Romantik und können diese herausarbeiten • S können die Ergebnisse strukturiert zusammentragen • S erkennen Unterschiede und Gemeinsamkeiten in der Darstellung der Sehnsucht	ARBEITSBLATT 3b
3.5	Transfer: Interpretation des Gedichts	EA	• S können das Gedicht interpretieren und Motive der Romantik funktional deuten	
3.6 fakultativ	Vertiefung/Differenzierung: Vergleichende Bezugnahmen	EA	• S erkennen Sehnsuchtsmotive und können diese differenziert darstellen	

3.1 Einstieg: Gestaltender Umgang mit Bildmotiven der Romantik

EA

ARBEITSBLATT 3a
➤ S. 24

Unterrichtsschritt. Die Lernenden werden in zwei Gruppen geteilt. Jeder Gruppe wird ein Bild von ARBEITSBLATT 3a *Caspar David Friedrich (1774–1840)* zugeordnet. Die Lernenden sollen zunächst ihr Bild betrachten und sich dazu Notizen machen.

Mögliche Leitfragen zur Unterstützung könnten sein:

- Was wird dargestellt?
- Wie ist die Stimmung?
- Wie könnte/n sich die Figur/en fühlen?

Daraufhin versetzen sich die Lernenden in die entsprechende Figur und verfassen einen inneren Monolog, in dem sie den Gemütszustand wiedergeben (ARBEITSBLATT 3a, Arbeitsauftrag).

Alternative. Dieser Arbeitsschritt kann auch als vorbereitende Hausaufgabe der Stunde vorgeschaltet werden.

3.2 Ergebnissicherung: Zentrale Motive der Romantik

UG

TAFELBILD 3
➤ S. 22

Unterrichtsschritt. Die Lernenden präsentieren der Lerngruppe die Ergebnisse ihrer Einzelarbeit (bzw. der Hausaufgabe). Die Zuhörenden überprüfen dabei die inhaltliche Plausibilität und notieren zentrale Motive und Gedanken der Romantik. Diese werden nach der Präsentation auf der Tafel festgehalten.

TAFELBILD 3

Merkmale der Romantik

Mögliche Schlüsselbegriffe:

Sehnsucht

Einsamkeit

Fernweh

Fenster-Motiv

»wilde« Naturlandschaft

Mond/Nacht

Wanderer

Sinnlichkeit

von der Welt bzw. dem Betrachter abgewandt

mythisch-geheimnisvolle Stimmung

Alternative. An dieser Stelle ist zusätzlich ein zuvor von einem der Lernenden vorbereitetes Impulsreferat zur Romantik möglich.

3.3 Erarbeitung 1: Inhalt des Gedichts erfassen

Unterrichtsschritt. Die Lernenden lesen das Gedicht und notieren in eigenen Worten strophenweise den Inhalt. Sie besprechen sich dazu mit ihrem Lernpartner (ARBEITSBLATT 3b *Joseph von Eichendorff: Es schienen so golden die Sterne*, Arbeitsauftrag 1). PA

ARBEITSBLATT 3b

Anschließend untersuchen sie die Verwendung von Motiven der Romantik und stellen eine weitgehende Übereinstimmung mit dem an der Tafel (TAFELBILD 3) festgehaltenen Ergebnis der Beschäftigung mit den Bildern Caspar David Friedrichs (Arbeitsauftrag 2). ➤ S. 25

3.4 Erarbeitung 2: Gedichtanalyse unter besonderer Berücksichtigung der Darstellung der Sehnsucht

Unterrichtsschritt. In Partnerarbeit analysieren die Lernenden das Gedicht und arbeiten zentrale romantische Motive heraus (ARBEITSBLATT 3b, Arbeitsauftrag 3). PA / UG

Im Unterrichtsgespräch werden die Ergebnisse der Analyse besprochen, ggf. ergänzt und erweitert (die Bilder Caspar David Friedrichs werden dabei vergleichend herangezogen). ARBEITSBLATT 3b

Erläuterungen. Wichtige Ergebnisse der Textarbeit:

- mit »Ach« (Seufzer) eingeleiteter Wunsch im Irrealis (V. 7/8) als Ausdruck der Sehnsucht nach der Ferne, nach dem Verlassen des engen Fensterausschnitts;
- imaginierte Reise – evtl. über die Alpen nach Italien – als ›Wunscherfüllung‹ (2. Hälfte des Gedichts, V. 13–24);
- im letzten Vers Rückkehr in die Ausgangssituation (beginnend schon in V. 21 mit der Fensterparallele), unabschließbare Kreisbewegung als Grundprinzip des romantischen Sehnsuchtsgedankens.

3.5 Transfer: Interpretation des Gedichts

Unterrichtsschritt. In Einzelarbeit verfassen die Lernenden eine Interpretation und sind in der Lage, epochenspezifische Merkmale funktional zu deuten (ARBEITSBLATT 3b, Arbeitsauftrag 4). EA

ARBEITSBLATT 3b

Alternative. Dieser Unterrichtsschritt eignet sich auch als Hausaufgabe.

3.6 Vertiefung/Differenzierung: Vergleichende Bezugnahmen (fakultativ)

Unterrichtsschritt. Vertiefung: Arbeit mit der Anthologie: Die Lernenden lesen in der Anthologie und tragen verschiedene Sehnsuchtsmotive zusammen (ARBEITSBLATT 3b, Arbeitsauftrag 5). EA

ARBEITSBLATT 3b

ARBEITSBLATT 3a

Abb. 1: Caspar David Friedrich, *Frau am Fenster* (1822), Alte Nationalgalerie, Berlin. – akg-images

Abb. 2: Caspar David Friedrich, *Zwei Männer in Betrachtung des Mondes* (1819/20), Galerie Neue Meister, Dresden

Arbeitsauftrag:

Verfassen Sie aus der Perspektive der dargestellten Figur(en) einen inneren Monolog (Abb. 1) bzw. ein Gespräch (Abb. 2), in dem der Gemütszustand und die Stimmung wiedergegeben werden.

ARBEITSBLATT 3b

JOSEPH VON EICHENDORFF

Sehnsucht*

Es schienen so golden die Sterne,
Am Fenster ich einsam stand
Und hörte aus weiter Ferne
Ein Posthorn im stillen Land.
Das Herz mir im Leib entbrennte,
Da hab ich mir heimlich gedacht:
Ach, wer da mitreisen könnte
In der prächtigen Sommernacht!

Zwei junge Gesellen gingen
Vorüber am Bergeshang,
Ich hörte im Wandern sie singen
Die stille Gegend entlang:
Von schwindelnden Felsenschlüften,
Wo die Wälder rauschen so sacht,
Von Quellen, die von den Klüften
Sich stürzen in die Waldesnacht.

Sie sangen von Marmorbildern,
Von Gärten, die überm Gestein
In dämmernden Lauben verwildern,
Palästen im Mondenschein,
Wo die Mädchen am Fenster lauschen,
Wann der Lauten Klang erwacht
Und die Brunnen verschlafen rauschen
In der prächtigen Sommernacht. –

* Erstveröffentlichung 1833 ohne Titel, 1837 in *Gedichte* mit dem Titel *Sehnsucht*

Arbeitsaufträge:

1. Geben Sie den Inhalt des Gedichts in eigenen Worten wieder.
2. Welche romantischen Motive werden verwendet und wie wirken sie in diesem Gedicht?
3. Wie wird die Sehnsucht konkret ausgedrückt? Beschreiben Sie dabei ausführlich die Wirkung der Verse 7/8, die Besonderheit der zweiten Gedichthälfte (V. 13–24) und die Wirkung des letzten Verses.
4. Interpretieren Sie das Gedicht. Beziehen Sie charakteristische Merkmale der Romantik funktional ein.

*5. Lesen Sie in der Anthologie *Reisen. Gedichte* und tragen Sie verschiedene Sehnsuchtsmotive zusammen. Worin gleichen und unterscheiden sich diese?

4 Verwandte Motive literaturgeschichtlich einordnen und miteinander vergleichen

Zu: Hugo von Hofmannsthal, *Reiselied* (*Reisen. Gedichte*, S. 47 ➤ ARBEITSBLATT 4 , S. 30)

Sachanalyse

Zur Entstehung von Hugo von Hofmannsthals *Reiselied*, das dem Symbolismus zuzuordnen ist, ist der kritischen Ausgabe *Sämtlicher Werke* des Dichters Folgendes zu entnehmen: »Die erste Strophe des Gedichts wurde als Teil des unvollendet gebliebenen Versgesprächs *wo zwei Gärten aneinanderstossen* am 20. August 1897 in Verona entworfen […]. Das ganze Gedicht entstand ein Jahr später, am 21. August 1898 in Lugano, nachdem Hofmannsthal per Rad über den Simplon gereist war. […] Diese Landschaftserlebnisse haben sicher zur Wiederaufnahme und Vollendung des Gedichts beigetragen. Es wurzelt aber auch in literarischer Tradition und zeigt enge Verwandtschaft mit Goethes *Mignon* und Eichendorffs *Sehnsucht*.«[1] Somit erweisen sich eigenes Erleben und zugleich die Anverwandlung traditioneller lyrischer Motive für das Gedicht als relevant.

Formal besteht das Gedicht aus drei Strophen zu einmal vier und zweimal drei Versen. Die erste Strophe erscheint durch den Kreuzreim als eine Einheit (a b a b), Eine zweite Einheit bilden die zweite und dritte Strophe, die durch ihre Reime miteinander verbunden sind: die ersten, zweiten und dritten Verse der beiden Strophen bilden jeweils ein Reimpaar (c d e c d e).

Die erste Strophe erscheint hierbei nicht nur durch die formale Gestaltung, sondern auch inhaltlich von den beiden folgenden Strophen getrennt: Gleich zu Beginn greift Hofmannsthal das Bild der alpinen Gebirgslandschaft in der Tradition von Goethes *Kennst du das Land? wo die Zitronen blühn* und Eichendorffs *Es schienen so golden die Sterne* auf (s. Module 2 und 3). In allen drei Gedichten erscheinen die ungezähmten Naturelemente Wasser und Fels gefahrbringend. Hofmannsthal spitzt diese Gefahr noch zu, indem er den personifizierten Naturelementen eine klare Tötungsabsicht unterstellt: »Wasser stürzt, uns zu verschlingen, / Rollt der Fels, uns zu erschlagen« (V. 1 f.). Zugleich fällt auf, dass das bedrohte »wir« nicht näher spezifiziert wird und somit unkonkret bleibt, wodurch sich die beschriebene Gefahrensituation als universelle Kollektiverfahrung begreifen lässt. Während in Goethes Gedicht die gefahrvolle alpine Landschaft erst in der letzten Strophe relevant wird, bildet sie in Hofmannsthals Gedicht also den Ausgangspunkt, d. h., die logische Reihenfolge von Nord nach Süd, vom alpinen Gelände ins paradiesische südländische Land wird eingehalten.

Als Retter aus der Gefahr erscheinen in Hofmannsthals *Reiselied* Vögel, die die Reisenden auf »starken Schwingen« (V. 4 f.) davontragen – ein Motiv, das die mythische Dimension der Szene verstärkt. Bedenkenswert ist zugleich, dass Vögel in der Symbolsprache als Repräsentanten der geistigen Sphäre gelten, als Sinnbild für Gedanken, Ideen oder Träume. In dieser Logik entkommt das Kollektiv der gefährlichen Situation, indem es sich auf eine Gedankenreise begibt, die sich als dichterischer Schaffensprozess deuten lässt. Hierin lässt sich eine Parallele zu Eichendorffs Gedicht sehen, in dem sich das lyrische Ich auf eine Phantasiereise begibt. Allerdings handelt es sich bei Eichendorff um keine Kollektiv-, sondern um eine Individualerfahrung.

In der zweiten Strophe eröffnet der Flug mit den Vögeln den Blick auf ein »unten« liegendes, glückverheißendes Land (V. 5), das stark mit der in Strophe 1 aufgerufenen Gebirgslandschaft kontrastiert. Das adversative »Aber« (V. 5) zu Beginn der zweiten Strophe markiert diesen bereits durch die formale Gestaltung der Strophen vorgeprägten Kontrast deutlich. Nur wenige poetische Worte sind ausreichend, um das erblickte Land als zeitenthobenen paradiesischen Ort (»alterslosen Seen«, V. 7) von unerschöpflicher Fruchtbarkeit (»Früchte spiegelnd ohne Ende«, V. 6) zu kennzeichnen. Ein idealer Ort, der unverändert fortbestehen wird – dichterische Motive, aus denen sich unendlich schöpfen lässt.

In der dritten Strophe des *Reiselieds* wird das in der zweiten Strophe entworfene Bild vertieft: Wie auch in Goethes und Eichendorffs Gedichten werden nun kulturelle Elemente (»Marmorstirn und Brunnenrand«, V. 8) harmonisch in das Naturbild eingebunden. Im Unterschied zur ersten Strophe erscheint die Natur gemäßigt und mild, so ist von »blumigem Gelände« (V. 9) und »leichten Winden« (V. 10) die Rede. Hier kann die erste Strophe aus Goethes Gedicht vergleichend herangezogen werden: Sanftheit und (exotische) Pflanzenpracht zähmen die wilde Natur und führen zur Harmonie.

Alfred Dornheim stellt für Hofmannsthals und Goethes Gedichte eine gemeinsame Grundkonzep-

1 Hugo von Hofmannsthal, *Sämtliche Werke. Kritische Ausgabe*, Bd. 1: *Gedichte*, hrsg. von Eugene Weber, Frankfurt a. M. 1984, S. 353.

tion fest, die sich auch auf Eichendorff übertragen lässt. Er beschreibt sie wie folgt: »es ist das schwer zugängliche, unirdisch wirkende, ferne, reine Land der Lebensfülle, das zu kennen und zu erleben nur den Auserwählten vorbehalten bleibt, aber dennoch ewiges Ziel menschlicher Sehnsucht ist«.[2] Die Sehnsucht nach einem idyllischen Ort, der Natur und Kultur harmonisch miteinander vereint, so lässt sich festhalten, erweist sich über verschiedene Epochen hinweg als Konstante, die – mit jeweils unterschiedlicher Akzentuierung – das lyrische Schaffen befeuert.

2 Alfred Dornheim, »*Das Reiselied* Hugo von Hofmannsthals: Eine hyperboreische *Mignon*-Landschaft«, in: A. D.: *Vom Sein der Welt. Beiträge zur mythologischen Literaturgeschichte von Goethe bis zur Gegenwart*, Mendoza (Argentinien) 1958, S. 218.

Unterrichtsverlauf

Überblick. Die Lernenden interpretieren das Gedicht *Reiselied* und erkennen die literarische Tradition, in der das Gedicht steht. Sie können im Vergleich mit Goethes *Kennst du das Land? wo die Zitronen blühn* und Eichendorffs *Sehnsucht* Entwicklungen erkennen, Gemeinsamkeiten und Unterschiede aufzeigen.

Phase	Thema	Sozialform	Kompetenzen und Lernziele	Materialien
Voraussetzungen: Module 2 und 3				
4.1	Einstieg: Sichtung des Manuskripts	UG	• S beschreiben das Manuskript	VORLAGE 4
4.2	Erarbeitung 1: Gedichtanalyse	EA / UG	• S analysieren das Gedicht • S präsentieren die Ergebnisse	ARBEITSBLATT 4
4.3	Erarbeitung 2: Vergleichende Analyse	PA / UG	• S vergleichen Gedichte hinsichtlich der verwendeten Motive	ARBEITSBLATT 4

4.1 Einstieg: Sichtung des Manuskripts

Unterrichtsschritt. Die Lernenden beschreiben zunächst anhand der VORLAGE 4 die Beschaffenheit und Gestalt der Handschrift. Sie nehmen so anschaulich die historische Distanz zur Entstehung des Gedichts wahr; die Wahrnehmung der historischen Dimension des folgenden diachronen Motivvergleichs wird so von Anfang an geschärft. Aufgrund des sauberen und gut lesbaren Schriftbildes ist es einzelnen Lernenden vielleicht möglich, das Gedicht hier bereits gemeinsam zu lesen; wenigstens einzelne Zeilen können entziffert werden (z. B. V. 2 mit wenigen Hilfestellungen zu einzelnen Buchstaben der Kurrentschrift). Zur Klärung etwaiger Zweifelsfälle kann der Text der Anthologie *Reisen. Gedichte*, S. 47, hinzugezogen werden.

UG

VORLAGE 4
➤ S. 28

Erläuterungen. Das *Reisegedicht* ist in der Handschrift Hofmannsthals geschrieben (Kurrentschrift), der Titel in lateinischer Schreibschrift. Sein Name oben links und die Verbesserung V. 7 sind offenbar von anderer Hand. In Details weicht die Handschrift von dem in der Anthologie wiedergegebenen Text ab: Kleinschreibung am Versanfang, Gedankenstrich statt Punkt am Ende der ersten Strophe, Ausrufezeichen am Ende des letzten Verses und weitere Interpunktionsdetails. Hofmannsthal hat das *Reiselied* wohl häufig verschenkt. Deshalb dürften noch weitere Geschenkhandschriften existieren.

Hilfreich zur Kurrentschrift ist: de.wikipedia.org/wiki/Deutsche_Kurrentschrift, mit weiterführenden Links.

VORLAGE 4 *Reiselied* in der Handschrift Hofmannsthals

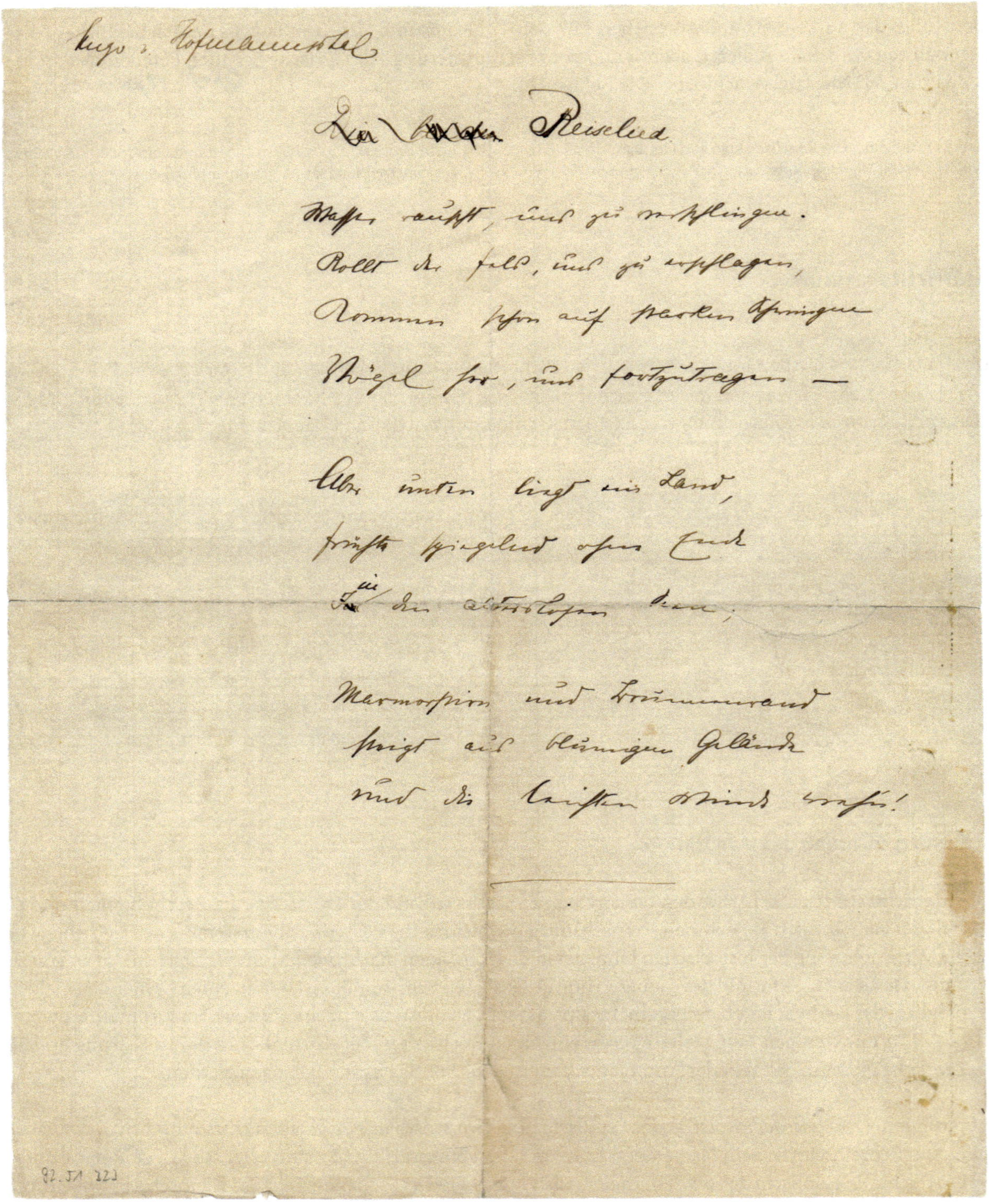

Hugo v. Hofmannsthal

~~Die [illegible]~~ Reiselied

Wasser rauscht, uns zu verschlingen.
Rollt der Fels, uns zu erschlagen,
Kommen schon auf starken Schwingen
Vögel her, uns fortzutragen —

Aber unten liegt ein Land,
Früchte spiegelnd ohne Ende
In den alterslosen Seen,

Marmorstirn und Brunnenrand
Steigt aus blumigem Gelände
und die leichten Winde wehn!

Deutsches Literaturarchiv Marbach, A:Wiedemann Hofmannsthal, Zugangsnummer: 92.51.323

4.2 Erarbeitung 1: Gedichtanalyse

Unterrichtsschritt. Die Lernenden analysieren das Gedicht in Einzelarbeit (ARBEITSBLATT 4, Arbeitsauftrag 1). Danach werden die Ergebnisse im Unterrichtsgespräch verglichen, so dass die Lernenden ggf. Berichtigungen und Ergänzungen vornehmen können.

EA / UG

ARBEITSBLATT 4

➤ S. 30

Erläuterungen. Die Analyse sollte mindestens folgende Aspekte enthalten:

- Zäsur zwischen 1. und 2./3. Strophe, formal (Strophen, Reim) und inhaltlich (Ortsunterschied, gegensätzliche Atmosphäre anhand von Schlüsselwörtern);
- Zusammenfassung der jeweiligen Bilder pro Strophe;
- Beschreibung der jeweiligen räumlichen Position des lyrischen Ich in den beiden Gedichtteilen;
- Kontrast innerhalb der Beschreibung des ›Sehnsuchtslandes‹ zwischen Strophe 2 und 3: Natur und Kultur.

4.3 Erarbeitung 2: Vergleichende Analyse

Unterrichtsschritt. Die Lernenden vergleichen nun in Partnerarbeit, gegebenenfalls mit binnendifferenzierender Aufgabenstellung, das *Reiselied* mit Goethes *Kennst du das Land? wo die Zitronen blühn* (*Mignon*) und Eichendorffs *Es schienen so golden die Sterne* (*Sehnsucht*). Die tabellarische Gegenüberstellung auf dem Arbeitsblatt soll den Vergleich unterstützen. Für leistungsschwächere Schüler kann der Arbeitsauftrag reduziert werden: Sie vergleichen mit dem *Reiselied* nur Goethes *Kennst du das Land? wo die Zitronen blühn.*

Im anschließenden Unterrichtsgespräch werden die wichtigsten Ergebnisse gesammelt.

PA / UG

ARBEITSBLATT 4

Erläuterungen. Der Vergleich sollte mindestens folgende Aspekte thematisieren:

- Motiv der gefährlichen Gebirgslandschaft (mit Details wie Wasser und Fels);
- Motiv der idyllischen südlichen Natur und Kultur (mit Details wie Früchte/Garten, Marmorbilder);
- Unterschiede in der Motivausgestaltung (mit verwendeten Adjektiven und Verben);
- unterschiedliche Reihenfolge der Motive;
- unterschiedliche Sprecher (»ich«, »junge Gesellen«, »wir«).

Hausaufgabe (Transfer der Analyseergebnisse)

In Form einer Langzeithausaufgabe verfassen die Lernenden eine vergleichende Interpretation des *Reiselieds* und stellen dabei die literarische Tradition einzelner Motive heraus (ARBEITSBLATT 4, Arbeitsauftrag 3).

Alternative: Es ist auch ein Vergleich nur zwischen *Reiselied* und *Kennst du das Land? wo die Zitronen blühn* möglich.

ARBEITSBLATT 4

ARBEITSBLATT 4

JOHANN WOLFGANG GOETHE

Mignon

Kennst du das Land? wo die Zitronen blühn,
Im dunkeln Laub die Gold-Orangen glühn,
Ein sanfter Wind vom blauen Himmel weht,
Die Myrte still und hoch der Lorbeer steht,
Kennst du es wohl?
Dahin! Dahin
Möcht' ich mit dir, o mein Geliebter, ziehn.

Kennst du das Haus? Auf Säulen ruht sein Dach,
Es glänzt der Saal, es schimmert das Gemach,
Und Marmorbilder stehn und sehn mich an:
Was hat man dir, du armes Kind, getan?
Kennst du es wohl?
Dahin! Dahin
Möcht' ich mit dir, o mein Beschützer, ziehn.

Kennst du den Berg, und seinen Wolkensteg?
Das Maultier sucht im Nebel seinen Weg;
In Höhlen wohnt der Drachen alte Brut;
Es stürzt der Fels und über ihn die Flut.
Kennst du ihn wohl?
Dahin! Dahin
Geht unser Weg! o Vater, lass uns ziehn!

(1795/96)

JOSEPH VON EICHENDORFF

Sehnsucht

Es schienen so golden die Sterne,
Am Fenster ich einsam stand
Und hörte aus weiter Ferne
Ein Posthorn im stillen Land.
Das Herz mir im Leib entbrennte,
Da hab ich mir heimlich gedacht:
Ach, wer da mitreisen könnte
In der prächtigen Sommernacht!

Zwei junge Gesellen gingen
Vorüber am Bergeshang,
Ich hörte im Wandern sie singen
Die stille Gegend entlang:
Von schwindelnden Felsenschlüften,
Wo die Wälder rauschen so sacht,
Von Quellen, die von den Klüften
Sich stürzen in die Waldesnacht.

Sie sangen von Marmorbildern,
Von Gärten, die überm Gestein
In dämmernden Lauben verwildern,
Palästen im Mondenschein,
Wo die Mädchen am Fenster lauschen,
Wann der Lauten Klang erwacht
Und die Brunnen verschlafen rauschen
In der prächtigen Sommernacht. –

(1834)

HUGO VON HOFMANNSTHAL

Reiselied

Wasser stürzt, uns zu verschlingen,
Rollt der Fels, uns zu erschlagen,
Kommen schon auf starken Schwingen
Vögel her, uns fortzutragen.

Aber unten liegt ein Land,
Früchte spiegelnd ohne Ende
In den alterslosen Seen.

Marmorstirn und Brunnenrand
Steigt aus blumigem Gelände,
Und die leichten Winde wehn.

(1898)

Arbeitsaufträge:

1. Analysieren Sie das Gedicht *Reiselied*.
2. Arbeiten Sie Gemeinsamkeiten und Unterschiede im Vergleich mit Goethes *Kennst du das Land? wo die Zitronen blühn* (*Mignon*) und Eichendorffs *Es schienen so golden die Sterne* (*Sehnsucht*) heraus. Visualisieren Sie diese dazu zunächst in der oben stehenden tabellarischen Gegenüberstellung.
3. Interpretieren Sie das Gedicht *Reiselied*. Beziehen Sie dabei das folgende Zitat ein: Das Gedicht *Reiselied* »wurzelt […] auch in literarischer Tradition und zeigt enge Verwandtschaft mit Goethes ›Mignon‹ und Eichendorffs ›Sehnsucht‹.« (Kommentar der kritischen Ausgabe: Hugo von Hofmannsthal, *Sämtliche Werke*, Bd. 1: *Gedichte 1*, hrsg. von Eugene Weber, Frankfurt a. M. 1984, S. 353.)

5 Ein Gedicht unter dem Aspekt der Zeit- und Raumgestaltung interpretieren

Zu: Eduard Mörike, *Früh im Wagen* (*Reisen. Gedichte*, S. 67 ➤ ARBEITSBLATT 5, S. 35)

Sachanalyse

Zeitlichkeit und Räumlichkeit, reales Vorankommen und gedankliches Rückerinnern kreuzen sich in Eduard Mörikes Gedicht *Früh im Wagen* auf kunstvolle Art und Weise.

Die ersten beiden Strophen sind am 15. Februar 1843 auf der Fahrt Mörikes zu seinem Freund Wilhelm Hartlaub nach Wermutshausen entstanden, nach Überarbeitung und Erweiterung erschien das Gedicht zuerst im *Morgenblatt für gebildete Stände* vom 27. November 1846, Nr. 284.[1]

Mörikes Gedicht erscheint formal einfach: sechs kreuzgereimte Strophen zu je vier Versen, durchgängig in dreihebigen Jamben. Gleich zu Beginn nimmt es den Leser mit an einen besonderen Zeitpunkt des Tages: den Morgenanbruch. Die Beschreibung einer (nicht genau lokalisierten) Naturlandschaft in den ersten zwei Strophen lässt den Leser in diese besondere Stimmung des transitorischen Zustands des Morgengrauens eintauchen. Der Blick wird gen Osten in die Ferne und anbrechende Helligkeit (Strophe 1), dann himmelwärts gelenkt (Strophe 2: »Morgenstern«, V. 6; »Mond«, V. 8). Mit dem letzten Vers der Strophe 2 wird die Gleichzeitigkeit von Tag (»schon«, V. 3) und Nacht (»noch«, V. 8) als Besonderheit dieses Übergangsmoments hervorgehoben.

Erst ab der dritten Strophe tritt das lyrische Ich in Erscheinung und lenkt den Blick von der wirklichen Landschaft hin zur inneren Seelenlandschaft. Es wird deutlich, dass die Beschreibung des anbrechenden Tags in den ersten zwei Strophen Teil einer Analogiebildung des lyrischen Ich ist (gekennzeichnet durch das einleitende »So«, V. 9): Wie die äußere Welt an einem Wendepunkt steht, so auch das innere Erleben. Das lyrische Ich erwartet »schon« (V. 10) etwas Neues, ist aber auch »noch« (V. 11) rückblickend in die Erinnerung an die vergangene Liebesnacht versunken, die sinnlich-schmerzend mit dem Oxymoron »Schmerzensglück« (V. 11), einer Wortschöpfung Mörikes, bezeichnet wird.

Die Strophe 3, selbst zweigeteilt, bildet eine symmetrische Achse zwischen den ersten beiden Strophen und den Strophen 4 und 5, die in direkter Anrede an das geliebte ›Du‹ das »Schmerzensglück« der »Abschiedsnacht« darstellen und deutlich in Kontrast zu Strophe 1 und 2 gestaltet sind. Die vorherrschenden Farben korrespondieren mit der vergehenden Nacht (»dunkler See«, V. 14; »Purpurschwärze«, V. 19). Räumlich wird die Nähe zum geliebten ›Du‹ betont; besonders deutlich am Ende der Strophe 5: Die Formulierung »vor dem Auge dicht« (V. 20) bildet den denkbar größten Gegensatz zum »fernen Ost« in V. 4. Die beiden Strophen verwenden die vergegenwärtigende Tempusform des Präsens, obwohl es sich um eine Rückschau handelt.

In Strophe 6 ist der ausbalancierte, symmetrisch gestaltete transitorische Zustand zwischen dem ›Schon‹ des Aufbruchs und dem ›Noch‹ der Erinnerung an die Geliebte, zwischen Zukunft und Vergangenheit, hell und dunkel, fern und nah beendet: Mit dem Sonnenaufgang (V. 21) werden – der Gedankenstrich in V. 21 signalisiert den Wechsel – in der äußeren Realität genauso wie im inneren Bewusstsein eindeutige Verhältnisse hergestellt: Die Vergangenheit sinkt in einen Traumzustand zurück (vgl. V. 22), der Blick geht wieder in die Ferne (»von den Bergen«, V. 23). Das Gedicht endet allerdings mit einem Ambiguitätssignal: Der herannahende »Schauer« (V. 24) deutet sowohl neuerliche Verdunkelung als auch mögliche Reinigung oder Erfrischung an. Es schwingt zugleich die innere Erregung des lyrischen Ich mit, die sich aus Angst vor oder in Erwartung der Zukunft speisen kann. Das bleibt offen; das Spiel der Bewegung, die sich in Raum und Zeit vollzieht, wird fortgesetzt.

1 Vgl. Eduard Mörike, *Sämtliche Werke* [in 2 Bdn.], hrsg. von Helmut Koopmann, Bd. 1, Düsseldorf/Zürich 1997, S. 1077.

Unterrichtsverlauf

Überblick. Die Lernenden erschließen das Gedicht *Früh im Wagen* unter besonderer Berücksichtigung der Raum- und Zeitgestaltung. Unter Hinzuziehung der handschriftlichen Fassung diskutieren sie die Wirkungsweise einer Korrektur und vertiefen damit die Untersuchung der Raum- und Zeitgestaltung.
Verkürzter Verlauf: 5.1 – 5.2 – 5.3

Phase	Thema	Sozialform	Kompetenzen und Lernziele	Materialien
Voraussetzungen: keine				
5.1	Einstieg: Bildimpulse zu Morgenszenen	UG	• S beschreiben die Stimmungen und äußern sich zur Tageszeit	VORLAGE 5a
5.2	Erarbeitung 1: Das Gedicht erschließen	EA / UG	• S erschließen den Inhalt	ARBEITSBLATT 5
5.3	Erarbeitung 2 und Sicherung: Zusammenhänge von Raum und Zeit visualisieren	PA / UG	• S analysieren das Gedicht, fokussieren dabei ein Phänomen und untersuchen dies genauer	ARBEITSBLATT 5
5.4 **fakultativ**	Vertiefung: Fassungen vergleichen	UG	• S vergleichen zwei Fassungen der Handschrift und stellen Hypothesen zur Umgestaltung an	ARBEITSBLATT 5 VORLAGE 5b

5.1 Einstieg: Bildimpulse zu Morgenszenen

UG

VORLAGE 5a
➤ S. 33

Unterrichtsschritt. Der Bildimpuls (VORLAGE 5a) soll die Lernenden einladen, über die Stimmungen, die durch die Szenen des Morgengrauens ausgedrückt werden, zu sprechen und ihre Gedanken darüber auszutauschen. Ebenso soll eine Erwartungshaltung entwickelt werden.

5.2 Erarbeitung 1: Das Gedicht erschließen

EA / UG

ARBEITSBLATT 5
➤ S. 35
Lösungshinweise
➤ S. 69

Unterrichtsschritt. Zunächst soll das Gedicht (ARBEITSBLATT 5 ***Mörike: Früh im Wagen***) in Einzelarbeit still gelesen werden. Es ist sinnvoll, danach im Unterrichtsgespräch den Inhalt kurz zu besprechen und Verständnisfragen zu klären.

5.3 Erarbeitung 2 und Sicherung: Zusammenhänge von Raum und Zeit visualisieren

PA / UG

ARBEITSBLATT 5

Unterrichtsschritt. Mit den Arbeitsaufträgen 1 und 2 (ARBEITSBLATT 5) sollen in einem ersten Schritt markante Begriffe, die Raum und Zeit betreffen, markiert werden, um die Aspekte und ihr Zusammenspiel zu erschließen. In einem zweiten Schritt sollen in der rechten Spalte des Arbeitsblattes entsprechende Deutungen formuliert werden. Die Ergebnisse werden gemeinsam mittels Folie oder Dokumentenkamera zusammengestellt. Methodisch ist hier auch das Prinzip der wachsenden Gruppengröße denkbar.

VORLAGE 5a

Foto: www.shutterstock.com / Efimenko Alexander

Foto: www.shutterstock.com / Efimenko Alexander

Foto: Daniel Fischer, Königswinter

5.4 Vertiefung: Fassungen vergleichen (fakultativ)

UG

ARBEITSBLATT 5

VORLAGE 5b

➤ S. 34

Unterrichtsschritt. Den Lernenden wird per Dokumentenkamera oder Folie Mörikes handschriftliche Fassung der Strophe 4 präsentiert. Die Lernenden sollen eine Hypothese formulieren, warum Mörike das in V. 7 zunächst hineinkorrigierte »dort« wieder gestrichen hat. Abschließend sollte eine begründete Wertung der Versionen vorgenommen werden.

Erläuterungen. Das Adverb »dort« betont den räumlichen Aspekt der Mondposition, die aber bereits durch »am Fichtenwald« bezeichnet ist; das Adverb »doch« betont als zusätzliche Information die Entgegensetzung zwischen bereits ›vergehendem‹ Morgenstern und noch ›stehendem‹ Mond. Dieser Gegensatz wird parallelisierend in Strophe 3 wiederaufgenommen (»So«, V. 9) und wurde wohl deshalb von Mörike bevorzugt.

VORLAGE 5b Mörikes handschriftliche Fassung der Strophe 2

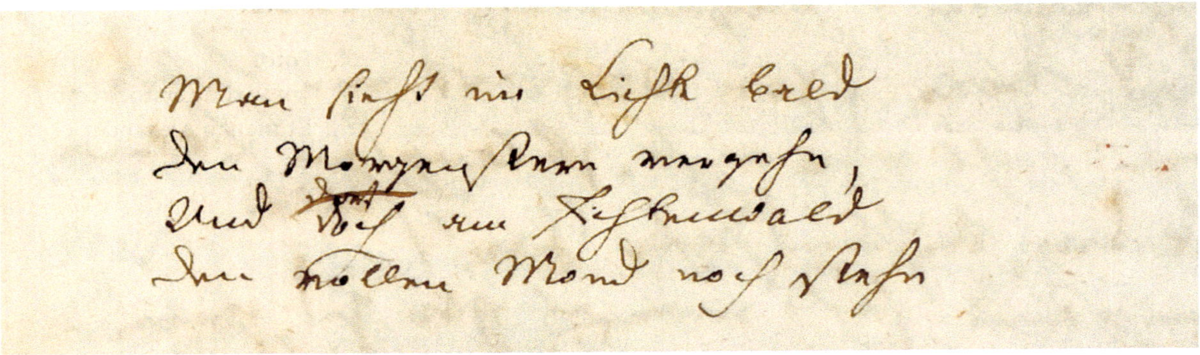

Deutsches Literaturarchiv Marbach, A:Mörike 1, Neuere und revidirte ältere Gedichte, Zugangsnummer: 04.10.4

Hausaufgabe

ARBEITSBLATT 5

Variante 1: Zur Festigung und Übung erfolgt die Interpretation des Gedichts (ARBEITSBLATT 5, Arbeitsauftrag 3).

Variante 2: Ein Gedichtvergleich mit Eichendorffs *Es schienen so golden die Sterne* (*Reisen. Gedichte*, S. 28) dient über die Interpretation hinaus dazu, literaturgeschichtliche Kontexte aufzuzeigen und einzubringen. Diese Hausaufgabe kann zur Binnendifferenzierung oder als Langzeithausaufgabe genutzt werden (ARBEITSBLATT 5 Arbeitsauftrag *4).

ARBEITSBLATT 5

EDUARD MÖRIKE

Früh im Wagen

Es graut vom Morgenreif
In Dämmerung das Feld,
Da schon ein blasser Streif
Den fernen Ost erhellt;

Man sieht im Lichte bald
Den Morgenstern vergehn,
Und doch am Fichtenwald
Den vollen Mond noch stehn:

So ist mein scheuer Blick,
Den schon die Ferne drängt,
Noch in das Schmerzensglück
Der Abschiedsnacht versenkt.

Dein blaues Auge steht
Ein dunkler See vor mir,
Dein Kuss, dein Hauch umweht,
Dein Flüstern mich noch hier.

An deinem Hals begräbt
Sich weinend mein Gesicht,
Und Purpurschwärze webt
Mir vor dem Auge dicht.

Die Sonne kommt; – sie scheucht
den Traum hinweg im Nu,
Und von den Bergen streicht
Ein Schauer auf mich zu.

Schlüsselbegriffe und ihre Bedeutung

Arbeitsaufträge:

1. Untersuchen Sie das Gedicht *Früh im Wagen* unter besonderer Berücksichtigung der Aspekte der Räumlichkeit und Zeitlichkeit. Markieren Sie dazu Schlüsselbegriffe.
2. Erklären Sie deren Bedeutung für das Gedicht (rechte Spalte).
3. Interpretieren Sie das Gedicht.

*4. Vergleichen Sie das Gedicht mit Eichendorffs *Es schienen so golden die Sterne* (*Reisen. Gedichte*, S. 28). Inwiefern kann man Mörikes Gedicht Modernität zusprechen?

6 Den Entstehungsprozess eines Gedichts nachvollziehen und Entscheidungen kritisch beurteilen

Zu: Hilde Domin, *Fahrt durch Kastilien I* (➤ ARBEITSBLATT 6, S. 41)

Sachanalyse

Der vorliegende Text ist der erste Teil des dreiteiligen Gedichtes *Fahrt durch Kastilien* von Hilde Domin (1909–2006). Das Gedicht erschien erstmals in ihrem Lyrikband *Rückkehr der Schiffe* im Jahr 1962.

Formal besteht es aus freien Versen von sehr unterschiedlicher Länge und freien Rhythmen, wenngleich der Trochäus immer wieder durchscheint. Das Gedicht ist reimlos.

Das lyrische Ich stellt die Eindrücke einer »Fahrt durch Kastilien« dar: Im ersten Abschnitt (V. 1–16) dominiert die Wahrnehmung des landschaftsprägenden Weizens (»Kastilien ein Weizenfeld«, V. 3), der alle Aufmerksamkeit auf sich zieht (vgl. V. 9 f.) und bis zum Dreschen auf den »Tennen« (V. 13) nachverfolgt wird. Im zweiten Abschnitt (V. 17–26) erweitert sich das Wahrnehmungsfeld auf weitere Objekte: Schafe (V. 17), Ulmen (V. 18), Vögel (V. 19), Berge (V. 20), um mit einer Gegenüberstellung von Stadt und Land zu schließen (»Feld«/»Stadt«, V. 23; metonymisch wiederholt: »Ähren«/»Türme«, V. 25).

Eingebettet sind diese äußeren Beobachtungen in einen inneren Reflexionsprozess des lyrischen Ich: Das Gedicht beginnt mit einem als rhetorische Frage formulierten Satz, in dem das lyrische Ich ein Nicht-Verstehen beklagt: »warum die Welt / sich mir in zwei Hälften teilt« (V. 1 f.). Alle beobachteten Phänomene werden im Folgenden auf dieses innere Erleben bezogen, wobei die Teilung mit einer Zugehörigkeit zum lyrischen Ich und einem ›Du‹ verbunden ist: »Die andere Hälfte / immer die Deine« (V. 7 f.). Bilder der Wirklichkeit und der Innerlichkeit verschränken sich also in diesem Gedicht.

Parallel zur Wahrnehmungserweiterung des lyrischen Ich im zweiten Abschnitt des Gedichts (V. 17–26) ist auch im inneren Erleben eine Veränderung zu beobachten: Wird im ersten Abschnitt (V. 1–16) die Erfahrung der Trennung der Welt »in zwei Teile« (V. 16) als – unbegreifliche – Tatsache herausgestellt, so wechselt die Reflexion im zweiten (V. 17–26) in den immer drängenderen Wunsch (»wollen«, V. 21; »mag«, V. 24) nach Verbindung der »Teile« des lyrischen Ich und des nicht näher bezeichneten Du (»mein«/»dein«, V. 21 f.).

Eine Interpretation des Gedichts kann herausarbeiten, dass die Erfahrung des schönen, leuchtenden Spätsommers in Kastilien überlagert wird von der gegenläufigen gleichzeitigen (und schmerzlichen) Wahrnehmung des Getrenntseins des lyrischen Ich von einem (geliebten?) Du, was dazu führt, dass das lyrische Ich sich nicht ungebrochen mit dem schönen Erlebnis identifizieren kann: »Nicht […] / mag ich nehmen, / […] wenn ich nicht dir davon geben darf« (V. 23–26).

Klanglich, farblich und semantisch dominieren Helligkeit, Leuchten: Mit dem »Weizenfeld« (V. 3 f.) assoziiert sich bereits ein helles Gelb, dessen Leuchtkraft im Verlaufe des Textes sich zu einem Goldton steigert (vgl. V. 12 ff.). Die Helligkeit spiegelt sich auch im Klang des Gedichts wider: Helle Vokale, vor allem »i«- und »ei«-Laute, werden überproportional häufig verwendet.

Im Nachlass von Hilde Domin befinden sich zwei Typoskripte des Gedichts, die wegen der Anmerkungen der Dichterin (jeweils mit Schreibmaschine unter das Gedicht gesetzt) und einer weiteren, nicht identifizierter Personen (handschriftlich) einen besonderen Einblick in den Entstehungsprozess bieten. Es stehen vor allem Fragen des Klanges, der Bildlichkeit und Rhythmik im Vordergrund.

Dieses »Gespräch« über das Gedicht zeigt, welche ästhetischen Fragen die Dichterin bewegt haben. Sie bieten Anlass, mit Schülerinnen und Schülern über die Wirkung von Klang und Wortwahl zu diskutieren und die Vorschläge kritisch zu beleuchten.

Unterrichtsverlauf

Überblick. Die Lernenden untersuchen klangliche und bildliche Gestaltungsmittel und setzen sich mit Alternativen und Vorschlägen zur Textgestaltung kritisch auseinander. **Verkürzter Verlauf: 6.1 – 6.2 – 6.3 – 6.4**

Phase	Thema	Sozialform	Kompetenzen und Lernziele	Materialien
Voraussetzungen: keine				
6.1	Einstieg: Vorstellung des Gedichts	PA	• S bereiten einen Gedichtvortrag vor • Sie finden Zugang zur klanglichen Gestaltung des Gedichts und beschreiben die Wirkung	ARBEITSBLATT 6
6.2	Erarbeitung 1: Inhaltliche und formale Strukturen erarbeiten	UG / gelenktes LSG	• S erfassen Inhalt und Aufbau des Gedichts	
6.3	Erarbeitung 2: Bilder, Klänge und Farbvorstellungen untersuchen	UG / LSG oder PA	• S arbeiten Bilder, Klänge und Farbvorstellungen heraus	ARBEITSBLATT 6
6.4	Erarbeitung 3: Typoskript mit Anmerkungen untersuchen	PA / GA	• S beurteilen aufgrund der eigenen Analyseergebnisse aus 6.2 und 6.3 die Anmerkungen kritisch	VORLAGE 6a/6b (Typoskripte)
6.5 **fakultativ**	Sicherung und Transfer: Kommentar verfassen	EA	• S verfassen einen kritischen Kommentar zu dem Gedicht, in dem sie besonders auf die ästhetische Gestaltung eingehen	ARBEITSBLATT 6 VORLAGE 6a/6b

6.1 Einstieg: Vorstellung des Gedichts

Unterrichtsschritt. In einer Murmelphase tragen sich die Schülerinnen und Schüler gegenseitig das Gedicht vor. Dabei sollen sie die klangliche Wirkung des Textes festhalten (ARBEITSBLATT 6 ***Hilde Domin: Fahrt durch Kastilien I***, Arbeitsauftrag 1). Durch die Partnerarbeit entsteht für den Gedichtvortrag ein geschützter Raum, in dem die Schüler selbst Erfahrungen machen können. Zum Abschluss der Phase ist auch ein einzelner Vortrag vor der gesamten Lerngruppe denkbar.

PA

ARBEITSBLATT 6 ➤ S. 41
Lösungshinweise ➤ S. 70

6.2 Erarbeitung 1: Inhaltliche und formale Strukturen erarbeiten

Unterrichtsschritt. Im gemeinsamen Unterrichtsgespräch werden der Inhalt und Form (Zweiteilung) erarbeitet (ARBEITSBLATT 6, Arbeitsauftrag 2). Je nach Leistungsstärke der Lerngruppe ist hier die Lenkung durch die Lehrkraft erforderlich. Je nach Leistungsstärke können dabei auch Interpretationsansätze erarbeitet werden. Die Ergebnisse werden auf dem Arbeitsblatt – mittels Folie oder Dokumentenkamera für alle sichtbar – festgehalten (s. Lösungshinweise).

UG / LSG

ARBEITSBLATT 6

6.3 Erarbeitung 2: Bilder, Klänge und Farbvorstellungen untersuchen

Unterrichtsschritt. Die Lernenden arbeiten in Vorbereitung auf den nächsten Arbeitsschritt die Bilder, Klänge und Farbvorstellungen des Gedichts heraus (ARBEITSBLATT 6, Arbeitsauftrag 3). Die Methode aus 6.2 kann fortgeführt werden. Um die Eigenständigkeit zu fördern, ist hier aber auch eine Partnerarbeit möglich. Danach sollen die Ergebnisse im Kurs verglichen und ebenfalls auf der Folie festgehalten werden (s. Lösungshinweise).

UG / LSG oder PA

ARBEITSBLATT 6

VORLAGE 6a

Fahrt durch Kastlien

1

Ich weiss nicht, wieso die Welt
sich mir in zwei Hälften teilt.

Kastilien ein Weizenfeld.
Das Weizenfeld öffnet sich,
alles öffnet sich,
was ich sehe.
Die andere Hälfte
immer die Deine.

Ich bin so wach,
dass ich die Ähren zählen kann.

Frauen mit grossen Hüten,
oben gold, unten gold,
goldenes Karussel auf den Tennen.
Die Spreu ein goldener Fächer im Wind.
Alles teilt sich
in zwei Teile.

Schafe, erdgrau, mit dem Hirten,
Ulmen, die sich in Wiesen spiegeln,
Rauchwolken von Vögeln,
Berge,
wollen nicht mein sein,
ohne auch dein zu sein.

Nicht das Feld, nicht die Stadt
mag ich nehmen,
Gold der Ähren und Gold der Türme,
wenn ich nicht dir davon geben darf.

Alternativen:
Str. 1,1 warum die Welt
 2 das mir könnte a)wegfallen
 b)in die 1.Zeile rücken.Wohl kaum?

Str. 4 Z. 3 und Z. 4 hier könnte man einmal leuchtend sagen???
auch "heller Fächer"
ich habe absichtlich das gold wiederholt.
Es ist DER Eindruck.Zuviel?

Str.5,1 mir ihrem Hirten ?
 " 2 in den Wiesen ?
 " 6 mögen sie das auch?

Str.6 vorletzte Zeile,hiess irgendwann:
a) keine Ähren und keine Türme , auch
b) den hellen Himmel und die goldnen Türme.

Deutsches Literaturarchiv Marbach, A:Domin, Gedichte. Sammlungen G/Gedichte, nach Redaktionsschluss von »Nur eine Rose …« (Manuskripttitel), Zugangsnummer: 2007.2

VORLAGE 6b

Fahrt durch Kastilien

1

Ich weiss nicht, wieso die Welt
sich mir in zwei Hälften teilt.

Kastilien ein Weizenfeld.
Das Weizenfeld öffnet sich,
alles öffnet sich,
was ich sehe.
Die andere Hälfte
immer die Deine.

Ich bin so wach,
dass ich die Ähren zählen kann.

Frauen mit grossen Hüten,
oben gold, unten gold,
goldenes Karussel auf den Tennen.
Die Spreu ein goldener Fächer im Wind.
Alles teilt sich
in zwei Teile.

Schafe, erdgrau, mit dem Hirten,
Ulmen, die sich in Wiesen spiegeln,
Rauchwolken von Vögeln,
Berge,
wollen nicht mein sein,
ohne auch dein zu sein.

Nicht das Feld, nicht die Stadt
mag ich nehmen,
Gold der Ähren und Gold der Türme,
wenn ich nicht dir davon geben darf.

ist Ihnen zuviel Gold in Str. 3. Man könnte auch leuchtend oder hell
sagen, z.B. zum Fächer.

Nein, ich meine, daß die Wiederholung nicht stört, im Gegenteil: so viel „Gold" leuchtet mehr als es das Wort „leuchten" tun kann. Sagen möchte ich, daß sich mir beim wiederholten Lesen in der vorletzten Zeile immer ein „nicht" eingeschoben hat: „Gold der Ähren und Gold der Türme nicht, wenn ich nicht dir davon geben darf." Für mich verstärkt es die Abweisung, schließt sie zusammen.

Deutsches Literaturarchiv Marbach, A:Domin, Gedichte. Sammlungen G/Gedichte, nach Redaktionsschluss von »Nur eine Rose …« (Manuskripttitel), Zugangsnummer: 2007.2

6.4 Erarbeitung 3: Typoskript mit Anmerkungen untersuchen

PA / GA

VORLAGE 6a/6b

➤ S. 38

Unterrichtsschritt. Die Lernenden sichten VORLAGE 6a und VORLAGE 6b ***Typoskript 1/2 zu: Fahrt durch Kastilien 1*** nacheinander und beurteilen anschließend in Kleingruppen oder Partnerarbeit aufgrund der eigenen Analyseergebnisse aus 6.2 und 6.3 die Anmerkungen kritisch. Die diskutierten Ergebnisse sollen schriftlich festgehalten werden.

Erläuterungen. Wichtige Beobachtungen:

- Hilde Domin war bei den Wiederholungen aus der Wortfamilie »Gold« in der 4. Strophe (nicht »Str. 3«) unsicher, wurde aber von beiden antwortenden Personen bestätigt; auch die Wiederaufnahme in Vers 25 wird positiv gesehen.
- Besonders diskutiert wird der Wortlaut des vorletzten Verses (V. 25); es bleibt schließlich beim ursprünglichen Wortlaut, nur das »und« wird gestrichen (obwohl dadurch reine Trochäen entstehen, was an anderer Stelle, V. 18, bemängelt wird); auch die Variante »nicht Gold ... nicht Gold« von anderer Hand wird nicht gewählt (obwohl damit die »i«-Häufung unterstützt würde).
- Die Häufung der »i« wird eher bemängelt, das Gedicht entsprechend geändert (V. 1: »warum« statt »wieso«; V. 17: »dem« statt »ihrem«). Das könnten die Lernenden auf dem Hintergrund der Lautanalyse mit Grund auch kritisch beurteilen.

6.5 Sicherung und Transfer: Kommentar verfassen (fakultativ)

EA

ARBEITSBLATT 6

VORLAGE 6a/6b

Unterrichtsschritt. Die Lernenden verfassen einen kritischen Kommentar zu dem Gedicht, in dem sie besonders auf die ästhetische Gestaltung eingehen. Dabei sollen alle Ergebnisse der Erarbeitungsschritte 6.1–6.3 miteinbezogen werden.

Alternative. Dieser Arbeitsauftrag ist auch als Hausaufgabe möglich.

HILDE DOMIN

Fahrt durch Kastilien

I

Ich weiß nicht, warum die Welt
sich mir in zwei Hälften teilt.

Kastilien ein Weizenfeld.
Das Weizenfeld öffnet sich,
alles öffnet sich,
was ich sehe.
Die andere Hälfte
immer die Deine.

Ich bin so wach,
daß ich die Ähren zählen kann.

Frauen mit großen Hüten,
oben Gold, unten Gold,
goldenes Karussell auf den Tennen.
Die Spreu ein goldener Fächer im Wind.
Alles teilt sich
in zwei Teile.

Schafe, erdgrau, mit dem Hirten,
Ulmen, die sich in Wiesen spiegeln,
Rauchwolken von Vögeln,
Berge,
wollen nicht mein sein,
ohne auch dein zu sein.

Nicht das Feld, nicht die Stadt
mag ich nehmen,
Gold der Ähren, Gold der Türme,
wenn ich nicht dir davon geben darf.

Sämtliche Gedichte. Hrsg. von Nikola Herweg und Melanie Reinhold. Mit einem Nachw. von Ruth Klüger. Frankfurt a. M.: S. Fischer, [2]2016. S. 91. [Zuerst in: Rückkehr der Schiffe, 1962.]

Arbeitsaufträge:

1. Lesen Sie das Gedicht mehrfach.
2. Fassen Sie den Inhalt des Gedichts in eigenen Worten zusammen. Prüfen Sie dabei Veränderungen im inneren Erleben und in der Wahrnehmung des lyrischen Ich, die eine Gliederung des Gedichts erlauben.
3. Welche Bilder, Klänge und Farben prägen das Gedicht? Halten Sie Ihre Ergebnisse fest.
4. Verfassen Sie einen kritischen Kommentar zu dem Gedicht, in dem Sie besonders auf die Darstellung der Bilder und Klänge eingehen. Beziehen Sie dazu Ihre Erkenntnisse aus der Sichtung der Typoskripte mit den Fragen der Autorin zu ihrem Gedicht ein.

7 Ein Gedicht aspektorientiert interpretieren und mit Vorstufen vergleichen

Zu: Gottfried Benn, *Reisen* (*Reisen. Gedichte*, S. 123, ➤ ARBEITSBLATT 7a, S. 46)

Sachanalyse

Das Gedicht *Reisen* (1950) ist »eines der meistinterpretierten Gedichte der späten Lyrik« von Gottfried Benn. »Es fällt auf, dass sich insbesondere didaktisch orientierte Interpreten des Gedichts annehmen. Dies hat zweifellos seinen Grund in dessen scheinbarer Leichtverständlichkeit. Letztlich geht es aber nicht um Tourismuskritik, sondern um die späte Erfahrung des Dichters: ›[B]leiben und stille bewahren / das sich umgrenzende Ich.‹«[1]

Die ersten beiden Strophen des Gedichts beginnen jeweils mit einer provozierend direkten Anrede (»Meinen Sie«), die eine rhetorische Frage einleitet und eine verneinende Antwort erwartet: Die potenziellen Zielorte, »Zürich« (V. 1) und »Habana« (V. 5), werden in Frage gestellt, indem sie mit unerfüllbaren metaphysischen Erwartungen verbunden werden: »Wunder und Weihen« (V. 3) bzw. »ewiges Manna« (V. 7) können dort nicht erwartet werden. Die Orte und Schauplätze im gesamten Gedicht sind beliebig (»zum Beispiel«, V. 1). Die verallgemeinernde Aufzählung »Bahnhofstraßen und Rueen, / Boulevards, Lidos, Laan – / selbst auf den Fifth Avenueen« (V. 9 ff.) zeigt die Auswechselbarkeit und Zufälligkeit der Ortswahl. Es kommt nicht auf die konkreten Orte an, an welchen das Ich sich erfährt – oder auch nicht. Sondern das Reisen führt grundsätzlich zu keiner Beglückung oder Erfüllung. Es löst nicht das zentrale Problem des lyrischen Ich, ausgedrückt erstmals durch den Begriff »Wüstennot« am Ende der zweiten Strophe (V. 8), der nicht nur das biblische Bild vom rettenden Manna (2. Mose 16) fortsetzt, sondern den inneren Zustand des lyrischen Ich beschreibt. Das Fazit am Ende der dritten Strophe: In der Bewegung in die Ferne »fällt Sie die Leere an« (V. 12). Die Sinnlosigkeit des Reisens an fremde Orte wird geradezu als Vernichtungsversuch erlebt.

In der letzten Strophe stellt das lyrische Ich dieser Erfahrung eine andere Haltung in zeitloser Infinitivform gegenüber: »bleiben und stille bewahren / das sich umgrenzende Ich« (V. 15 f.). Die für Gedichte ungewöhnliche Adressierung des Gegenübers in der Höflichkeitsform »Sie« – in jeder Strophe einmal – vollzieht bereits diese Anforderung. Was das »sich umgrenzende Ich« ausmacht, wird nicht eigens zum Thema gemacht. Mögliche Interpretationsangebote: Statt in die Ferne zu reisen besteht die eigentliche Anforderung an das Ich im Zu-sich-selbst-Kommen, im inneren Herantasten an das ›Selbst‹ durch Abgrenzung von allen äußeren Einflüssen (sich »erfahren«, V. 14, statt dem »Fahren«, V. 13). Biografisch darf man (1950!) auch einen kritischen Reflex auf die ›entgrenzende‹, die Masse (»Volksgemeinschaft«) dem Individuum vorziehende nationalsozialistische Ideologie annehmen. Wenn Lernende die Formulierung aber als Leerstelle wahrnehmen, darf und soll das durchaus ernstgenommen werden (s. Unterrichtsschritt 7.3).

Zum Manuskript: Benn hat das Gedicht zunächst in vier Strophen niedergeschrieben. Die ersten drei sind nahezu unverändert in den Druck eingegangen. Die vierte Strophe weist dagegen intensive Überarbeitungsspuren auf. Schon in der ersten Niederschrift enthält sie Streichungen und Ergänzungen; in einer weiteren Bearbeitungsstufe (mit anderer Farbe geschrieben) wird der auch in der Druckfassung beibehaltene Vers »spät erst erfahren Sie sich:« eingefügt. Es folgt, ebenfalls nachgetragen, eine weitere Strophe, die aber nur in den beiden ersten Versen von der vierten abweicht und wohl als Alternative zu ihr zu betrachten ist. In die Druckfassung sind die ersten zwei Verse der vierten Strophe und die letzten zwei Verse der Variante eingegangen. Die Interpunktion wurde dabei tendenziell abgeschwächt: Am Ende der Strophe steht in der Druckfassung ein Punkt, im Manuskript ein Ausrufezeichen. Dafür wird die mit »Ach« eingeleitete Klage in V. 13 in der Druckfassung durch ein Ausrufezeichen betont. Im Manuskript ist an diesem Versende kein Satzzeichen vorhanden. Der Aspekt des Leidens, der in den handschriftlichen Versuchen explizit gemacht wird, ist in der Druckfassung zurückgedrängt.

Auffällig ist noch, dass das »sich« in Vers 16 nachträglich eingeschoben wurde – wohl auch aus metrischen Gründen, so dass auch der letzte Vers drei Hebungen wie alle anderen hat.

1 Hans Otto Horch, in: *Benn-Handbuch: Leben – Werk – Wirkung*, hrsg. von Christian M. Hanna und Friederike Reents, Stuttgart 2016, S. 113.

Unterrichtsverlauf

Überblick. Die Lernenden analysieren zunächst aspektorientiert das Gedicht *Reisen* von Gottfried Benn und setzen sich danach kritisch mit der Position des lyrischen Ich auseinander. Sie vergleichen das Manuskript des Autors mit der Druckfassung und diskutieren die Unterschiede. **Verkürzter Verlauf: 7.1 – 7.2 – 7.3 – 7.4 – 7.5**

Phase	Thema	Sozialform	Kompetenzen und Lernziele	Materialien
7.1	Einstieg und Erarbeitung 1: Lesen und inhaltliches Erfassen des Gedichts	EA / PA	• S erfassen den Inhalt des Gedichts	ARBEITSBLATT 7a Papierstreifen
7.2	Sicherung 1: Darstellung des Aspekts des Reisens	LSG	• S setzen sich intensiv mit dem Aspekt des Reisens auseinander	ARBEITSBLATT 7a
7.3	Transfer 1: Kritische Auseinandersetzung mit der Position des lyrischen Ich	EA / UG	• S erkennen die kritische Haltung des lyrischen Ich und können diese formulieren	ARBEITSBLATT 7a
7.4	Erarbeitung 2: Manuskript und Druckfassung vergleichen	EA / UG	• S beschreiben das Manuskript systematisch und genau • S erkennen formale und inhaltliche Unterschiede zur Druckfassung	ARBEITSBLATT 7a ARBEITSBLATT 7b
7.5	Transfer 2: Entstehungsprozess diskutieren und Vermutungen über die Umgestaltung anstellen	PA / UG	• S bilden Hypothesen zum Entstehungsprozess • S können Entscheidungen logisch nachvollziehen und ästhetisch begründen	ARBEITSBLATT 7a ARBEITSBLATT 7b
7.6 **fakultativ**	Vertiefung: Mit der Anthologie arbeiten		• S verfassen einen Gedichtvergleich	Anthologie *Reisen. Gedichte*

7.1 Einstieg und Erarbeitung 1: Lesen und inhaltliches Erfassen des Gedichts

Unterrichtsschritt. Zunächst lesen die Lernenden still das Gedicht und bearbeiten ARBEITSBLATT 7a ***Gottfried Benn: Reisen***, Arbeitsauftrag 1. In Partnerarbeit einigen sich die Lernenden auf eine zentrale Frage an das Gedicht und notieren sie auf einem Papierstreifen. EA / PA

ARBEITSBLATT 7a

Die Lernenden stellen reihum kurz ihre Frage vor und bringen diese an einer Wand/Tafel an. Ggf. können ähnliche Fragen optisch miteinander verknüpft werden. Mögliche Fragen an das Gedicht sind: ➤ S. 46

- In welcher Stimmung befindet sich das lyrische Ich?
- Was bedeutet das Reisen für das lyrische Ich?
- Wie sind die letzten beiden Verse zu verstehen?
- Welche Rolle spielen die genannten Orte?

7.2 Sicherung 1: Darstellung des Aspekts des Reisens

Unterrichtsschritt. Nach der gemeinsamen Diskussion der Fragen (7.1) sollen die Lernenden eine erste, vorläufige Deutungshypothese formulieren (ARBEITSBLATT 7a, Arbeitsauftrag 2). Im gelenkten Lehrer-Schüler-Gespräch wird der Fokus auf die Darstellung des Reisens im Gedicht gelegt. LSG

ARBEITSBLATT 7a

Mögliche Leitfragen sind:

- Wie wird das Reisen dargestellt?
- Welche Bedeutung wird dem Reisen beigemessen?
- Wie wird das Reisen erlebt?

Ebenso dienen die von den Lernenden aufgestellten Fragen als Leitfragen.

7.3 Transfer 1: Kritische Auseinandersetzung mit der Position des lyrischen Ich

EA / UG

ARBEITSBLATT 7a

Unterrichtsschritt. Ausgehend von den Ergebnissen in 7.2 diskutieren die Lernenden die Position des lyrischen Ich und formulieren diese schriftlich aus. Dabei soll die vorläufig aufgestellte Deutungshypothese überprüft und ggf. verändert werden (ARBEITSBLATT 7a, Arbeitsauftrag 3a).

In einer gemeinsamen Abschlussdiskussion werden die Fragen nochmals in den Blick genommen. Welche konnten beantwortet werden? Welche blieben bzw. bleiben weiterhin offen? Wie kann man mit den offenen Fragen umgehen?

Alternative. Die Lernenden setzen sich in Form eines Briefs an den Sprecher des Gedichts mit dessen Position auseinander (ARBEITSBLATT 7a, Arbeitsauftrag 3b). Die Arbeitsaufträge können auch zur freien Wahl gestellt werden.

7.4 Erarbeitung 2: Manuskript und Druckfassung vergleichen

EA / UG

ARBEITSBLATT 7a
ARBEITSBLATT 7b
➤ S. 47

Unterrichtsschritt. Die Lernenden sollen zunächst das Manuskript genau beschreiben. Die durch unterschiedliche Schriftfarbe markierten Entstehungsstufen werden erkannt; es gibt viele Streichungen und Änderungen in der 4./5. Strophe. Die Abweichungen des Manuskripts zur Druckfassung werden in Einzelarbeit farblich markiert. Dann soll die Handschrift so weit wie möglich entschlüsselt werden (ARBEITSBLATT 7b ***Manuskript Gottfried Benn: Reisen***, Arbeitsauftrag 1).

Die Klärung der inhaltlichen und formalen Unterschiede der Fassungen schließt sich an. Die wichtigsten Veränderungen sind die Zurückdrängung des Leidens-Gedankens (im Manuskript noch zweimal, V. 13 und 17) und des Affektes (am Schluss Ausrufezeichen ersetzt durch Punkt, V. 16/21 des Manuskripts).

Erläuterungen. Erwartungshorizont zur Transkription der 4./5. Strophe der Handschrift

V. 13	Ach vergeblich das Fahren	/ ~~Drängt es Sie~~
		/ Leiden Sie, sagen Sie sich
V. 14	[durchgestrichen, nicht identifiziert]	
	spät erst erfahren Sie sich:	
V. 15	Bleiben – und still bewahren	
V. 16	das [sich] umgrenzende Ich!	
V. 17	~~das sich erleidende~~ Ich	
		/ lokaler Drang
V. 18	Träumen Sie alles	/ finstere Wohnung
V. 19	Bleiben Sie einsam für sich	
V. 20	bleiben + Stille bewahren	
V. 21	Das sich umgrenzende Ich!	

Es empfiehlt sich, das Manuskript z. B. mittels Dokumentenkamera oder Folie gemeinsam zu lesen. Der Schwerpunkt sollte auf den überarbeiteten Stellen liegen (Strophen 4 und 5 des Manuskripts), die ersten drei Strophen können auch außen vor bleiben. Benns Handschrift ist nicht leicht lesbar. Die Transkription der 4./5. Strophe kann den Lernenden auch als Hilfe oder zur zeitlichen Abkürzung direkt zur Verfügung gestellt werden.

PA / UG

7.5 Transfer 2: Entstehungsprozess diskutieren und Vermutungen über die Umgestaltung anstellen

ARBEITSBLATT 7a
ARBEITSBLATT 7b

Unterrichtsschritt. Die Lernenden bilden in Partnerarbeit Hypothesen zu Benns Änderungen im Manuskript sowie zu Unterschieden zwischen Manuskript und Druckfassung und versuchen sie zu begründen. Im Plenum werden sie vorgestellt und diskutiert.

Erläuterungen. Folgende Aspekte können angesprochen werden:

- Benn hat besonders bei der 4. Strophe viele Änderungen vorgenommen. Mögliche Hypothesen: Er war damit nicht zufrieden. Er hat sich besonders intensiv mit der eigenen Position zum Reisen auseinandergesetzt.
- Zurückdrängung des Leidens-Aspekts. Mögliche Hypothese: Das Leiden steht im Widerspruch zum ›stille bewahren‹ des Ich (V. 15).
- Ausrufezeichen am Ende wurde getilgt. Mögliche Hypothese: Auch der Affektgehalt des Ausrufs passt nicht zur Aussage des Sich-Umgrenzens und des Stille-Bewahrens.
- Mögliches Fazit: Die Druckfassung ist gelungener, da es inhaltlich konsistent ist und Form und Inhalt des Gedichts sich besser entsprechen als in den Manuskriptversionen.

7.6 Vertiefung: Mit der Anthologie arbeiten (fakultativ)

Unterrichtsschritt. Die Lernenden stellen aus der Anthologie *Reisen. Gedichte* weitere Gedichte zusammen, die in ähnlicher Weise mit dem Reisen umgehen. Sie vergleichen die grundsätzlichen Haltungen.

Hier kann ein Vergleich mit dem Gedicht *bildungsreise* von Hans Magnus Enzensberger durchgeführt werden (*Reisen. Gedichte*, S. 131).

ARBEITSBLATT 7a

GOTTFRIED BENN

Reisen

Meinen Sie Zürich zum Beispiel
sei eine tiefere Stadt,
wo man Wunder und Weihen
immer als Inhalt hat?

Meinen Sie, aus Habana,
weiß und hibiskusrot,
bräche ein ewiges Manna
für Ihre Wüstennot?

Bahnhofstraßen und Rueen,
Boulevards, Lidos, Laan –
selbst auf den Fifth Avenueen
fällt Sie die Leere an –

ach, vergeblich das Fahren!
Spät erst erfahren Sie sich:
bleiben und stille bewahren
das sich umgrenzende Ich.

Reisen. Gedichte. Hrsg. von Vanessa Greif. Stuttgart: Reclam, 2018. S. 123. – Abgedruckt nach: Sämtliche Gedichte. Stuttgart: Klett-Cotta, 1998. S. 307.

Arbeitsaufträge:

1. Lesen Sie das Gedicht.
   a) Welche Fragen stellen Sie sich bei/nach dem Lesen? Notieren Sie diese und tauschen Sie sich anschließend mit Ihrem Nachbarn darüber aus. Einigen Sie sich gemeinsam auf eine zentrale Frage an das Gedicht und notieren Sie diese auf einem Papierstreifen.
   b) Präsentieren Sie dem Kurs Ihre Frage.
2. Unter welchem Gesichtspunkt thematisiert dieses Gedicht das Reisen? Formulieren Sie eine vorläufige Deutungshypothese.
3. Deuten Sie das Gedicht unter dem Aspekt des Reisens:
   a) Diskutieren Sie die Position des lyrischen Ich und formulieren Sie diese schriftlich aus. Überprüfen Sie Ihre Deutungshypothese (2.) und passen Sie diese gegebenenfalls an.
   b) Setzen Sie sich in einem Brief an den Sprecher des Gedichts mit dessen Position auseinander. Entwickeln Sie dabei auch eine eigene Haltung zum Reisen.

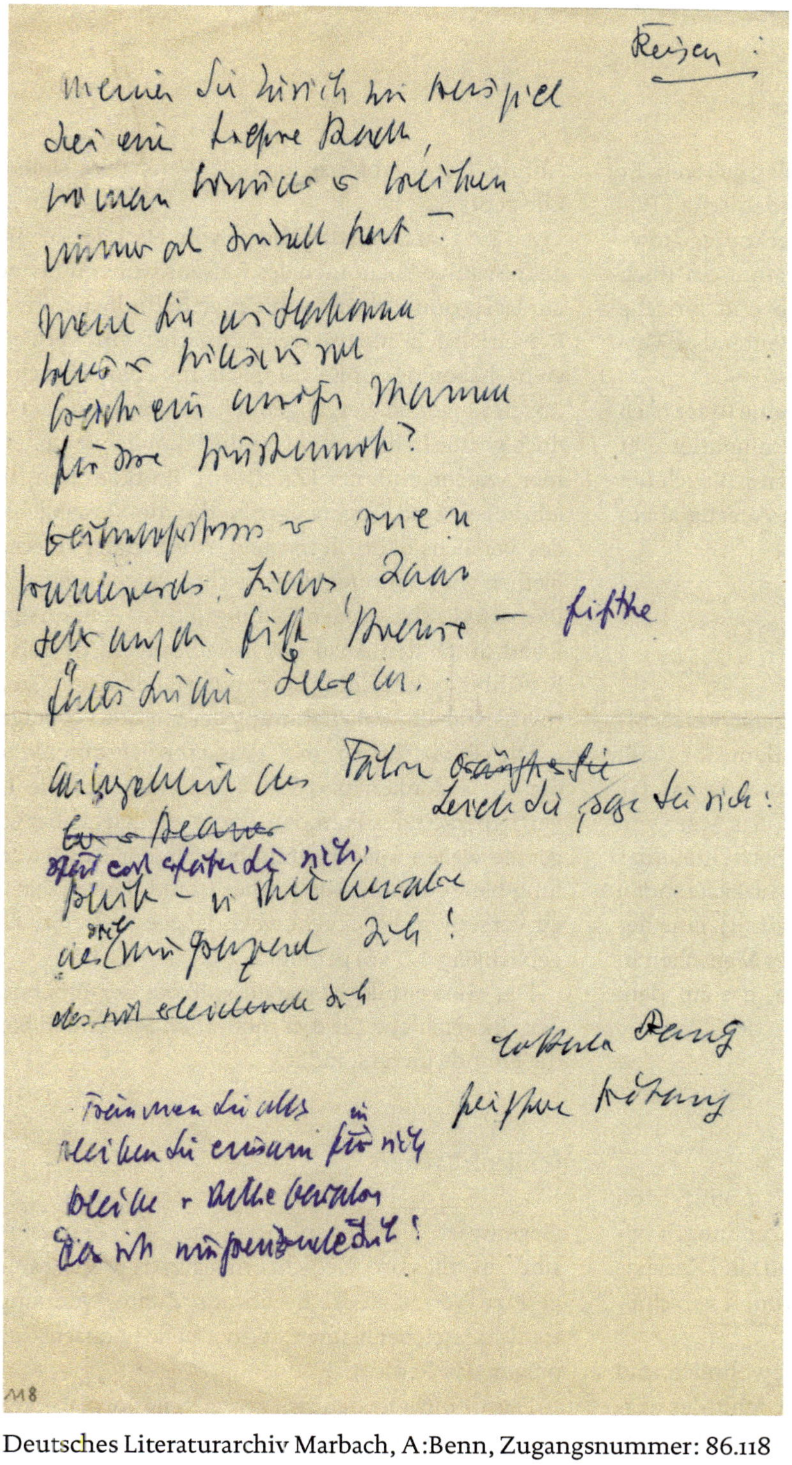

Deutsches Literaturarchiv Marbach, A:Benn, Zugangsnummer: 86.118

Transkription und Bemerkungen

Arbeitsaufträge:

1. Beschreiben Sie das Manuskript. Markieren Sie die Unterschiede zur Druckfassung farblich.
   Versuchen Sie, den handschriftlichen Text zu übertragen.
   Klären Sie den Inhalt der Manuskriptfassung möglichst genau.
2. Vergleichen Sie die Druckfassung mit dem Manuskript, indem Sie wesentliche formale und inhaltliche Unterschiede herausstellen und diskutieren.
3. Was sagen die Korrekturen und Änderungen über den Entstehungsprozess des Gedichts aus? Formulieren Sie Hypothesen zu den Gründen der Veränderungen und beurteilen Sie diese.

8 Unterschiedliche Gestaltungen einer Reiseerfahrung vergleichen

Zu: Heinz Czechowski, *Nach Salerno* (➤ ARBEITSBLATT 8a, S. 53) und *Salerno* (➤ ARBEITSBLATT 8b, S. 54)

Sachanalyse

Heinz Czechowski wurde 1935 in Dresden geboren. Er lebte in der DDR und wurde vom westdeutschen Publikum erst in den 1980er Jahren entdeckt. Czechowski verstarb 2009 in Frankfurt am Main. Sein Buch *Nachtspur* versammelt das prosaische und lyrische Werk von 1987 bis 1992 und gilt als »bedeutendste Veröffentlichung in den neunziger Jahren«[1].

1988 unternahm Heinz Czechowski eine Reise nach Italien. In zahlreichen Fotografien dokumentierte er diese. Im Zusammenhang damit entstanden auch der Prosatext *Nach Salerno* (von dem ein Auszug abgedruckt ist) sowie das Gedicht *Salerno*.

Fotografien

Die Auswahl von sechs Fotografien zeigt Reiseaufnahmen von Salerno und Paestum aus dem Jahr 1988: Zu sehen sind die Tempelruinen von Paestum (1), Wasserbüffel an einer Wasserstelle (2), das Meer von einer höher gelegenen Terrasse aus betrachtet (das steinerne Geländer wird von zwei antikisierenden Büsten geziert) (3), ein Souvenirgeschäft (4), eine belebte Straße (5) und eine Gruppe junger Menschen in einem von Mosaiken gezierten Raum, die auf dem Boden sitzend zeichnen (6).

Prosatext: *Nach Salerno*

Der Text berichtet in chronologischer Abfolge von Czechowskis Reise nach Salerno: Flug, Landung, Taxifahrt, Paestum-Besuch. Darin verwoben sind Reflexionen über das Reisen und die Fremde unter verschiedenen Gesichtspunkten.

Heute, so Czechowski, ist Reisen gewöhnlich und unspektakulär. Im Vergleich zu früher fehlt das »Erlebnis der Unterschiede« (Z. 10). Er kritisiert den modernen Tourismus und bezeichnet ihn als »Reiseindustrie« (Z. 13). Der Blick aus dem Flugzeug lässt keine Landesgrenzen erkennen; in den Lüften kommt kein Gefühl der Freiheit auf, vielmehr ist es Ernüchterung, die das Reisegefühl bestimmt. Die ›polternde‹ Ankunft des Flugzeugs unterscheidet sich nicht vom Abflug. Gepäckabfertigung und Weiterreise sind von Eile geprägt.

Ab Z. 27 wechselt das Thema vom Nachdenken über das objektive Phänomen des Reisens früher und heute zur Reflexion über die subjektive Befindlichkeit beim Reisen: Im Zentrum steht zunächst ein Vergleich: »wir« haben so große Eile, »als müßten wir schnell unserer eigenen Vergangenheit entkommen, die uns doch gerade in dem, was wir ›die Fremde‹ nennen, immer wieder einholt« (Z. 28–30). ›Entkommen‹ und ›einholen‹ sind Gegenbegriffe, die die Vergeblichkeit des Versuchs deutlich machen. Auch in der »Fremde« bleiben wir in unserer biografischen Prägung gefangen; hier: im klassizistischen Bildungsgut der Antike, signalisiert durch den Ausdruck ›arkadisch‹ (Z. 31) und die Erwähnung der Bildungsreisenden Goethe und Gregorovius, die die Wahrnehmung der Fremde vorprägen.

Die Beobachtung der Wasserbüffel durchkreuzt diesen Gedanken und lenkt den Blick auf die Unverfügbarkeit des Fremden: Trotz, vielleicht aber auch gerade wegen unserer Bemühungen der Anverwandlung bleibt das Fremde immer fremd. Unser Versuch zu verstehen, so Czechowski, ist letztlich von »Vergeblichkeit« (Z. 36) geprägt.

Das Gesamtbild ist paradox: Trotz der Einebnung der Unterschiede für den modernen Reisenden bleibt die Fremde unverständlich.

Gedicht: *Salerno*

Gegenwart, Vergangenheiten und die Zeitlosigkeit sind in diesem Gedicht mosaikartig zusammengesetzt. Versatzstücke berühmter Zitate, Nennungen traditionsreicher Namen, individuelle Beobachtungen prägen das Gedicht.

Das Gedicht ist deutlich zweigeteilt, formal erkennbar am Wechsel vom lyrischen Ich (V. 1–13) zum »wir« (V. 14–19) und dem damit verbundenen Ortswechsel von Paestum nach Salerno.

Im ersten Vers stellt sich das lyrische Ich in das Zentrum, in Form der denkbar elementarsten Äußerung: »Ich bin«. Die feste Setzung wird entgegen der Erwartung des Lesers in den folgenden Versen ins Wanken gebracht: Es folgt eine negative Verortung durch die Weiterführung des Relativsatzes in V. 2.: »Wo ich nicht hingehöre«. Das Gefühl des Fremdseins wird

1 *Kritisches Lexikon zur deutschsprachigen Gegenwartsliteratur* (www.nachschlage.net [Stand: 4. 9. 2018]).

durch das negativ konnotierte »verschlagen« (V. 2) betont. Es folgt ein Teilzitat aus Goethes *Wahlverwandtschaften* (dort heißt es: »Es wandelt niemand ungestraft unter Palmen«), das die negative Konnotation nochmals verstärkt. Es folgen, teils durch Enjambements verbunden, drei inhaltlich unabhängige Bilder, die das Meer, Gassen einer Stadt und die für die Region typischen Wasserbüffel (aus deren Milch der originale Mozzarella-Käse gewonnen wird) an der Mauer von Paestum zeigen (V. 5–9). Anschließend wird die Umgebung miteinbezogen, gefolgt von dem Satz: »Selbst Christus / Kam nur bis Eboli« (V. 12 f.), der den Titel eines autobiografischen Verbannungsberichts des italienischen Schriftstellers und Politikers Carlo Levi zitiert. Bleierne Atmosphäre, Isolation und Einsamkeit werden damit auf den Höhepunkt getrieben. Geografisch liegt Eboli auf halber Strecke zwischen Salerno und Paestum.

Im Kontrast dazu stehen die Verse 14–19. Ein »wir« tritt auf den Plan, die stille, gespenstisch wirkende Szenerie wird durch die Rückkehr in das (etwa 40 km nördlich von Paestum liegende) Salerno beendet und das lebendige Abendleben der Stadt beschrieben, veranschaulicht durch die Metapher des Bienenkorbs. Das lyrische Ich bleibt aber als (verständnisloser) Beobachter außen vor. Mit dem Bild des Abendhimmels und des Kastells von Arechi (so die korrekte Schreibung) oberhalb der Stadt endet das Gedicht. Der letzte Satz des Gedichts (V. 16–19) ist chiastisch gestaltet, so dass sich die Adjektive »[a]lterslos« (V. 16) und »[d]antesk« (V. 19) pointiert gegenüberstehen. Alterslosigkeit ist ein Kennzeichen der klassischen griechischen Götterwelt; mit »[d]antesk« werden die ewigen Höllenstrafen aus Dantes (1265–1321) *Inferno* (und die Schreie der Verurteilten) ins Bewusstsein geholt.[2] Gleichsam verschränkt sich »der Himmel« (V. 17) mit den »Stimmen / Im Kastell von Arrecchi« (V. 17 f.). Das Bild der Stadt wird ins Überzeitliche erhoben, bleibt aber fremd und bedrohlich. »Dantesk«, als letztes Wort in eigener Verszeile in hervorgehobener Stellung, bildet auch eine Klammer zur Anfangsthese: »Ich bin, / Wo ich nicht hingehöre« (V. 1 f.; vgl. auch »nicht ungestraft«, V. 4) – an einem Ort nämlich, der das lyrische Ich an das Dante'sche *Inferno* erinnert.

2 Im XXVIII. Gesang des *Inferno* verurteilt Dante das »Volk« von Salerno zur ewigen Strafe, da es sich 1076 dem im Kastell von Arechi residierenden Eroberer Robert Guiscard (um 1015 – 1085) widersetzt hatte.

Unterrichtsverlauf

Überblick. Heinz Czechowski verarbeitete seine Italienreise 1988 mit verschiedenen künstlerischen Gestaltungsmitteln. Die Lernenden erkennen Zusammenhänge zwischen den Fotografien, dem Prosatext und dem Gedicht und können die künstlerischen Gestaltungweisen des Themas differenziert beurteilen und vergleichend aufeinander beziehen. **Verkürzter Verlauf: 8.1 – 8.2 – 8.3 – 8.4 – 8.6**

Phase	Thema	Sozialform	Kompetenzen und Lernziele	Materialien
Voraussetzungen: keine				
8.1	Einstieg: Fotografien betrachten und erste Eindrücke formulieren	UG / PA	• S beschreiben die Fotografien und vergleichen diese mit eigenen Urlaubsfotografien	VORLAGE 8
8.2	Erarbeitung 1: Den Prosatext analysieren	PA / EA	• S können einen Prosatext analysieren • S können unter funktionaler Berücksichtigung der Analyseergebnisse den Gedankengang des Textes darstellen	ARBEITSBLATT 8a
8.3	Erarbeitung 2: Das Gedicht analysieren	PA / UG	• S können das Gedicht analysieren und einzelne Gedanken und Versatzstücke aus Zitaten und Bildern herausarbeiten	ARBEITSBLATT 8b Zugang zu Lexika (online)
8.4	Erarbeitung 3: Gedicht und Prosatext vergleichen	EA	• S können aspektorientiert das Gedicht mit dem Prosatext unter Berücksichtigung der Gattungsmerkmale vergleichen	ARBEITSBLATT 8a ARBEITSBLATT 8b

8.5 fakultativ	Sicherung: Den Vergleich schriftlich ausformulieren	EA	• S können die Ergebnisse aus 8.4 zusammenhängend formulieren	ARBEITSBLATT 8a ARBEITSBLATT 8b
8.6	Transfer: Bezüge zwischen dem Prosatext bzw. dem Gedicht und den Fotografien herstellen	UG	• S können Bezüge zu allen Gestaltungsformen herstellen und diese ästhetisch werten	VORLAGE 8 ARBEITSBLATT 8a ARBEITSBLATT 8b

8.1 Einstieg: Fotografien betrachten und erste Eindrücke formulieren

UG / PA

VORLAGE 8

➤ S. 51

Unterrichtsschritt. Der Einstieg erfolgt mit einer Aktivierungsfrage: Im Unterrichtsgespräch äußern sich die Lernenden zu eigenen Urlaubsfotografien: Welche Motive bevorzugen sie? Wie gehen sie während/nach dem Urlaub mit den Bildern um? Man kann hier über den Schnappschuss, das »Selfie« und über die inszenierte Fotografie sprechen. Geht es den einen um das sofortige Teilen der Bilder mit Freunden oder auf sozialen Netzwerken, legen andere traditionelle Erinnerungsalben an. Nach der kurzen Aktivierungsphase werden die Lernenden aufgefordert, in Partnerarbeit VORLAGE 8 ***Heinz Czechowski: Fotografien der Italienreise 1988*** zu betrachten und zu beschreiben, welche Eindrücke festgehalten werden.

Nach der Beschreibung ist ein kurzer Rückbezug zur Aktivierungsfrage, zu den eigenen Fotomotiven der Lernenden, möglich.

8.2 Erarbeitung 1: Den Prosatext analysieren

PA / EA

ARBEITSBLATT 8a

➤ S. 53

Unterrichtsschritt. Die Lernenden lesen den Textauszug ARBEITSBLATT 8a ***Heinz Czechowski: Nach Salerno*** und bearbeiten den Arbeitsauftrag in Partnerarbeit. Je nach Leistungsstärke der Lerngruppe (oder zur inneren Differenzierung) kann auf eine Unterscheidung zwischen äußeren Ereignissen, die berichtet werden, und den damit verknüpften Reflexionspassagen hingewiesen werden.

Die Gedanken des Textes werden in Einzelarbeit schriftlich festgehalten.

Erläuterungen. Erwartungshorizont zur Analyse des Prosatexts

Wie der Titel es ankündigt, wird eine Reise nach Italien beschrieben. Czechowski kontrastiert zu Beginn des Textes den Reisenden früherer Zeiten mit dem Reisenden unserer Tage. Im Vergleich zum Reisen in früheren Zeiten erlebt der moderne Reisende keine Grenzen und keine Unterschiede mehr. Werden Begriffe wie »Abenteuer« und »Ehrfurcht« (Z. 2, 11) dem früheren Reisenden zugeschrieben, so sind es beim modernen Reisenden negative Zuschreibungen: das Eilen, Rasen und die Unterschiedslosigkeit (vgl. Z. 9 f., 23, 28) prägen ihn; es gibt »Ghettos der Reiseindustrie« (Z. 13). Auch Flughafenszenen gleichen sich überall.

Mit dem Ortswechsel vom Flughafen zum Reiseziel – den Ruinen von Paestum – nimmt die Kritik am Reisenden neue Züge an: Vielem kann sich der Reisende entziehen, nicht aber der Fremde (vgl. Z. 36–38). Sie bleibt ihm letztlich unverständlich, auch wenn er sie sich mit seinem Hintergrundwissen möglichst anverwandelt.

8.3 Erarbeitung 2: Das Gedicht analysieren

PA / UG

ARBEITSBLATT 8b

➤ S. 54

Unterrichtsschritt. Die Lernenden werden aufgefordert, das Gedicht zu lesen und dann zu analysieren (ARBEITSBLATT 8b ***Heinz Czechowski: Salerno***, Arbeitsauftrag 1). Um den Inhalt erfassen und die Anspielungen verstehen zu können, müssen für die Lernenden entsprechende Recherchemöglichkeiten (Internet, Lexika, Atlanten) verfügbar sein. Im anschließenden Unterrichtsgespräch werden die Ergebnisse auf Folie oder mit Hilfe einer Dokumentenkamera gesammelt und je nach Leistungsstärke der Lerngruppe eine Deutung des Gedichts versucht.

VORLAGE 8 Heinz Czechowski: Fotografien der Italienreise 1988

Deutsches Literaturarchiv Marbach, Bildkonvolut Heinz Czechowski, Signatur B 2001.D
Mit Genehmigung von Bertolt Czechowski, Hamburg

8.4 Erarbeitung 3: Gedicht und Prosatext vergleichen

EA

ARBEITSBLATT 8a
ARBEITSBLATT 8b

Unterrichtsschritt. Die Lernenden bearbeiten ARBEITSBLATT 8b, Arbeitsauftrag 2. Sie erkennen die Verdichtung des lyrischen Textes und die Bezüge zum Prosatext. Je nach Leistungsstärke der Lerngruppe oder zur Binnendifferenzierung können mögliche Vergleichsaspekte stichwortartig vorformuliert werden.

Erläuterungen. Erwartungshorizont zum Textvergleich

Prosatext	Gedicht
• übt ohne Personenbezug auf einer allgemeinen Ebene Kritik am modernen Tourismus • das »wir« schließt den Leser ein	• lyrisches Ich stellt sich in das Zentrum des Gedichts • ein nicht näher bestimmtes »wir« (V. 14) tritt auf, der Leser wird aber nicht eingeschlossen
• das frühere Reisen wird direkt mit dem modernen Reisen verglichen	• nur die Reise des lyrischen Ich wird thematisiert, Historizität der Orte nur indirekt durch Zitate und bestimmte Attribute angedeutet
• der Weg nach Italien bzw. Salerno/Paestum wird dargestellt	• zwei Orte (Paestum und Salerno) stehen im Zentrum, weitere Stätten werden genannt (Eboli, Kastell von Arechi)
• Stimmung in Salerno/Paestum erscheint unheimlich: »arkadische Stille«, Mittagsglut, geheimnisvolle Augen der Wasserbüffel	• Stimmung des lyrischen Ich: unwohl und fremd in lebensfeindlicher bzw. lebloser Gegend ohne Menschen (Paestum), unbeteiligt und nicht verankert im als bedrohlich wahrgenommenem Raum (das ›danteske‹ Salerno) und Zeit

8.5 Sicherung: Den Vergleich schriftlich ausformulieren (fakultativ)

EA

ARBEITSBLATT 8a
ARBEITSBLATT 8b

Unterrichtsschritt. Die Lernenden formulieren die Ergebnisse aus 8.4 zusammenhängend aus. Dieser Unterrichtsschritt kann auch als Hausaufgabe aus dem Unterrichtszusammenhang ausgelagert werden.

8.6 Transfer: Bezüge zwischen dem Prosatext bzw. dem Gedicht und den Fotografien herstellen

UG

VORLAGE 8
ARBEITSBLATT 8a
ARBEITSBLATT 8b

Unterrichtsschritt. Im abschließenden Unterrichtsgespräch wenden die Lernenden ihre Erkenntnisse an: Sie erkennen die Bezüge zwischen Fotografien, Prosatext und Gedicht und bewerten differenziert den künstlerischen Umgang und die Verarbeitung (ARBEITSBLATT 8b, Arbeitsauftrag 3).

ARBEITSBLATT 8a

HEINZ CZECHOWSKI

Nach Salerno

[…] Auch das Reisen, zu Zeiten Fontanes oder des jungen Thomas Mann noch ein Abenteuer, verläuft in einem Beziehungsgeflecht, das uns der Computer vorschreibt. Das gehört zu den Tatsachen, die wir uns selber geschaffen haben, indem wir unsere Existenz in gedankliche Koordinaten eingespannt haben, die uns nun beherrschen. Wir überschreiten keine Grenzen mehr, an denen wir uns auszuweisen haben. Damit entfällt das Erlebnis der Unterschiede, die das Reisen einst zu etwas Besonderem machten. Dem Reisenden begegnete man mit Ehrfurcht: er konnte von fremden Ländern und Sitten berichten. In den Ghettos der Reiseindustrie unserer Zeit eilt der Tourist vom Hotel zum Strand, vom Strand in die Bar oder in die Disco. Wo Italien beginnt, ist vom Flugzeug nicht auszumachen. Über den Wolken, wo die Freiheit, glaubte man dem Lied, grenzenlos sein soll, fliegt nicht einmal ein Vogel, der uns, wie einst den Seefahrern, Kunde von einem anderen Land bringen könnte.

Wenn die Maschine die Wolken, der Erde entgegen, durchstößt, befinden wir uns aber über einer Landschaft, deren Anderssein sich durch das am Horizont erscheinende azurblaue Meer ankündigt. Ehe wir zur Besinnung kommen, hat das Flugzeug das Rollfeld erreicht und rast polternd über einen Beton, der sich durch nichts von dem unterscheidet, auf dem wir unsere Reise begonnen haben. Die Passagiere steigen in eine wie mit Hämmern dreinschlagende Hitze, die sie trotz des verhangenen Himmels empfängt. Wir warten auf unser Gepäck und eilen zu einem Taxi, als müßten wir schnell unserer eigenen Vergangenheit entkommen, die uns doch gerade in dem, was wir »die Fremde« nennen, immer wieder einholt. In der Mittagsglut legt sich über die Ruinen von Paestum eine arkadische Stille. Kein Vogel ruft. Selbst die Zikaden schweigen. Wir sind angekommen in der Erinnerung und sprechen in der Sprache Goethes oder Gregorovius'. Nur die Wasserbüffel im Schatten der Mauer, welche die einst Poseidon geweihte Stadt umschloß, sehen uns an, als wüßten sie etwas von der Vergeblichkeit, mit der wir uns bemühen, etwas von dem zu verstehen, das in ihren Augen schon seit Jahrtausenden existiert.

1988

Nachtspur. Gedichte und Prosa 1987–1992. Zürich: Ammann, 1993. S. 239–241, hier S. 240 f.

Arbeitsauftrag:

Arbeiten Sie die Gedanken Czechowskis aus dem Text heraus: Welche Grundhaltung nimmt er ein?

HEINZ CZECHOWSKI

Salerno

Ich bin,
Wo ich nicht hingehöre, verschlagen
Für ein paar Tage: Man wandelt
Nicht ungestraft unter Palmen!
Der bleierne Spiegel
Des fischlosen Meeres, der Schatten
Der Gassen und Gäßchen.
Die Wasserbüffel
An der Mauer von Paestum.
Die verschmähten Gelegenheiten
Schlafen im Schatten des Ölbaums.
Selbst Christus
Kam nur bis Eboli.
Als wir am Abend zurückkehrten,
Schwirrte die Stadt,
Ein Bienenkorb. Alterslos
War der Himmel, die Stimmen
Im Kastell von Arrecchi
Dantesk.

Nachtspur. Gedichte und Prosa 1987–1992. Zürich: Ammann, 1993. S. 242.

Erläuterungen	Stimmung

Arbeitsaufträge:

1. Analysieren Sie das Gedicht. Welche Bilder und Gedanken werden in dem Gedicht dargestellt? Recherchieren Sie Ortsnamen sowie Wörter und Formulierungen, die Ihnen unbekannt sind. Kennzeichnen Sie konkrete Orte und Objekte sowie (in anderer Farbe) stimmungstragende Wörter. Achten Sie auf Veränderungen im Laufe des Gedichts.
2. Vergleichen Sie den Prosatext *Nach Salerno* mit dem Gedicht *Salerno*.
3. Betrachten Sie nochmals die Auswahl der Fotografien. Auf welche Art und Weise haben diese Eingang in die literarischen Texte gefunden?

9 Stimmungsbilder und Landschaftserfahrungen in zeitgenössischen Reisegedichten untersuchen

Zu: Jan Wagner, *nicosia* und *ohio* (➤ ARBEITSBLATT 9b, S. 60)

Sachanalyse

Die Gedichte *nicosia* und *ohio* von Jan Wagner stammen aus dem Gedichtband *Australien* (2010) und befinden sich dort in den Rubriken »Süden« bzw. »Westen«. Sie wurden 2015 in den Band *Selbstporträt mit Bienenschwarm* aufgenommen. Beide Gedichte weisen konkrete geografische Bezugspunkte auf.

nicosia

Es sind Kontraste, unerwartete Vergleiche, die unaufgeregte Ansprache der Sinne, das Leise und Details, die dieses Gedicht prägen und die Erwartungen an die historische und touristische Stadt Nikosia in eine unerwartete Richtung lenken.

Die Stadt Nikosia befindet sich im Zentrum der geteilten Insel Zypern und ist selbst geteilt. Der Südteil ist die Hauptstadt der (griechischsprachigen) Republik Zypern, der Nordteil Hauptstadt der (völkerrechtlich nicht anerkannten) Türkischen Republik Nordzypern. Die politisch-militärische Teilung, die Zypern seit 1983 prägt, wird in dem Gedicht gleich zu Beginn aufgenommen, indem das Bild der »grenze« (V. 1) und von »geräumten häusern« (V. 2) mit »sandsäcke[n]« (V. 3) als Schutz vor Beschuss aufgerufen wird.

Konkretisiert wird die Situation in der zweiten Strophe: Es ist die Teilung in Nord und Süd – der Ruf des Muezzin »vom nordteil her« (V. 5) wird inhaltlich in Kontrast zu den »biertrinker[n] / des südens« (V. 5 f.) gesetzt. Zugleich wird aber auch eine Verbindung zwischen dem Getrennten signalisiert: Formal werden diese Verse durch ein Enjambement verbunden, inhaltlich dadurch, dass die Biertrinker »ihm [dem Muezzin] lauschen« (V. 6); es sind die nun erstmals ins Bild tretenden Menschen, die die Verbindung herstellen; auch gibt die Geräuschkulisse im Ohr des Rezipienten ein einheitliches Bild wieder. Die Beschreibung der Situation in den Versen 6–8 lässt eine eigentümliche Stimmung aufkommen: ein Schweigen, ein Kühlschrank, der als »summender weißer gott« (V. 8) beschrieben wird.

Mit Beginn der dritten Strophe wird der Blick des Rezipienten vom Sprecher des Gedichts aktiv in eine Seitenstraße hin zu einem Schneider gelenkt (vgl. V. 9 f.). Das einleitende einsilbige »dort«, unterbrochen durch einen kurzen, präzisierenden Einschub, der wie ein Fingerzeig wirkt, wird von den einsilbigen Worten »siehst du« fortgesetzt: Diese Einsilbigkeit bringt Bewegung und Lebendigkeit in das sonst auf den ersten Blick recht stille und situationsbeschreibende Gedicht. Der Vergleich der Bewegung des Schneiders mit der eines Feldherrn, der seine Karten ausbreitet, ist überraschend, insbesondere assoziieren die Begriffe ›sanft‹ und ›Feldherr‹ entgegengesetzte Bildwelten. Die Tätigkeit des Schneiders, das Nähen, wird bildlich auf die Straßenlaternen bei Nacht übertragen (vgl. V. 12 f.).

Behutsam wird der Blick von dieser Szenerie weg in die Ferne gelenkt, in einen Park: das einleitende »dunkler« (V. 14) impliziert bereits eine gewisse visuelle Unschärfe. Aufgehoben wird diese kurzzeitig durch die Farbe der Orangen (vgl. V. 16), die durch den Wind, der die Bäume leicht bewegt, zum Vorschein kommen. Auch hier wird kurz ein überraschender Gegensatz zwischen dem Adjektiv »dunke[l]« (V. 14) und dem Substantiv »glut« (V. 16) erzeugt. Die drückende Hitze in der zweiten Strophe, ausgedrückt durch die Apathie der »biertrinker« (V. 5) und die überwiegende Ruhe, wird durch den abendlichen Wind erfrischt. Der Gedankenstrich am Ende von V. 16 sorgt für ein Verstummen der zuvor beschriebenen Geräusche und führt »wie im traum« (V. 17) dem Rezipienten Bilder einer Fahrt vor Augen. Damit erreicht die zunehmende (wenn auch maßvolle) Dynamisierung im Gedicht ihren Abschluss: von Strophe 1 (unbewegliche Objekte) über unbewegte, aber kommunizierende Personen (Strophe 2) und dem Tätigwerden des Schneiders (Strophe 3) bis zur Bewegung des lyrischen Ich selbst (Strophe 4): »fahrt richtung westen« (V. 17). Dabei werden neue Bilder aufgerufen, die zunächst zusammenhangslos wirken, aber dennoch eine eigene, eher trostlose Atmosphäre erzeugen: Neubauflächen, tote Katzen, ›bettelnder‹ Ginster (vgl. V. 18–20). Der Ginster, eine Pflanze, die auf kargem Boden wächst, vertrocknet offenbar und kämpft ums Überleben.

Das Gedicht bietet eine Momentaufnahme Nikosias, die eine alltägliche friedlich-ruhige, ja träge Abendstimmung bei Sonnenuntergang zeigt. In jeder Strophe gibt es aber Signale, die diesen Frieden als prekär, brüchig und bedroht ausweisen: Grenze und Sandsäcke (Strophe 1), Nord-Süd-Gegensatz (Strophe 2), Feldherr (Strophe 3) und Glut bzw. Tod (Strophe 4). Das Gedicht durchzieht eine Ambiguität, die die Gleichzeitigkeit von Friedlichkeit und Gewalt, die die geteilte Stadt ausstrahlt, aufnimmt.

ohio

Das Gedicht *ohio* ist gleichsam Stimmungsbild, eine Landschaftserfahrung, die über die Sinne des Rezipienten neue, für uns Europäer fremde Eindrücke darstellt.

Der erste Vers steht getrennt von den weiteren vier Strophen und bildet damit eine eigene Strophe. Er ist formal mit den letzten zwei Versen (V. 11–12) dadurch verbunden, dass sie eine Dreiergruppe vervollständigen, die bei allen übrigen Strophen des Gedichts vorliegt. Er trifft eine Aussage, die den Rezipienten (gehen wir von uns Europäern aus) stutzig macht. Warum verdächtig, fragt man sich und eröffnet damit eine kulturelle Frage. Der Titel des Gedichts, *ohio*, führt den Rezipienten in den Mittleren Westen der USA: Städte und Natur breiten sich über weite Ebenen aus, nur im Norden vom Eriesee begrenzt. Das Zufußgehen ist in einer autozentrierten Gesellschaft – was Drive-Through-Angebote verschiedenster Einrichtungen wie Banken, Restaurants, Apotheken zeigen – eher oder ganz ungewohnt. Wer zu Fuß geht, gehört nicht dazu und zieht kritische Aufmerksamkeit auf sich. Die Aussage der ersten Strophe bleibt für sich stehen. Nur hier ist von einer Person die Rede.

In den folgenden zwei Strophen (V. 2–7) werden Bilder und Sinneseindrücke der Landschaft im Spätsommer beschrieben. Restwärme des Sommers befindet sich noch in den blauen und grauen Holzhäusern (vgl. V. 2 f.), das allmähliche Stillwerden der Grillen kündet das Ende des Sommers an. Das Wort »grillenmaschine« in Verbindung mit »schnurr[en]« (V. 4) wirkt gleichförmig, beruhigend auf den Rezipienten. Über die Strophengrenze hinweg wird der in der zweiten Strophe begonnene Satz weitergeführt und der Blick des Rezipienten gen Himmel gelenkt. Die ersten »trockenen blätter« (V. 6) sind ein weiteres Indiz für den herannahenden Herbst. Der Vergleich »als brenne irgendwo eine bücherei« verstärkt das Herbstbild und setzt implizit zu dem makellosen Himmel (vgl. V. 5) einen kontrastiven Akzent: Die Rottöne der Blätter erscheinen vor dem Himmelblau besonders intensiv. Erstmals begegnet das Motiv der Gefahr und Bedrohung innerhalb der Landschaftsbeschreibung, das bereits in V. 1 mit dem Adjektiv »verdächtig« konstituiert wurde.

Nachdem eine Momentaufnahme der Spätsommerlandschaft beschrieben wurde, findet in der folgenden Strophe (V. 8–10) in der Imagination eine zeitliche Beschleunigung statt: Wochen werden zu Tagen verkürzt (vgl. V. 8), und ausgehend von der Spätsommer- und Herbststimmung wird der Winter herbeiimaginiert. Das spätsommerliche Idyll vom Beginn wird vom lebensfeindlichen Blizzard verdrängt (vgl. V. 9 f.). »blizzard« ist der einzige nichtdeutsche Begriff im Gedicht und fällt dadurch besonders ins Auge. Ein Blizzard ist ein typisch nordamerikanischer heftiger Schneesturm mit polarer Kälte von Norden, der weit vordringen kann, da die Gebirge nicht in Ost-West-Richtung verlaufen. Die Strophe schließt mit einer Wiederaufnahme der Bildvorstellung der in V. 2 erwähnten »holzhäuser«: Der Blizzard drücke gegen »die viel zu dünnen scheiben« (V. 10). Diese beiden Verse bilden insofern eine Klammer für die Strophen 2 bis 4.

Die fünfte, auf zwei Verse verkürzte Strophe eröffnet das ganz große Panorama von den großen Seen im Norden (vgl. V. 11) bis hin zur Südspitze des amerikanischen Kontinents, nach Chile. Es ist nun nicht mehr das Auge, das das Bild transportiert, sondern der zuvor imaginierte »Wind« (Blizzard), der nun gefühlt nicht mehr nur über Ohio, sondern über die Kontinente hinweg zieht.

Das Gedicht beschreibt also eine imaginierte Entgrenzung, die sowohl eine räumliche (vom Gehen zu Fuß, V. 1, bis zum Wind über die Kontinente bis Chile, V. 12) als auch eine zeitliche Dimension (vom Spätsommer, V. 2–7, bis in den tiefen Winter, V. 8–10) hat. Der zeitlichen Entgrenzung hin zum Winter korrespondiert eine zunehmend bedrohliche Atmosphäre, die im imaginierten Blizzard-Einbruch kulminiert.

Interview

Das Interview »Über das Staunen, Reisen und Dichten« mit Jan Wagner wurde im Februar 2016 geführt. Fragen: Vanessa Greiff (www.dla-marbach.de/presse/seite-3/archiv-seite-3/beitraege/interview-mit-jan-wagner-16-februar-19-februar-2016.pdf [Stand: 4.7.2018]).

Unterrichtsverlauf

Überblick. Die Lernenden untersuchen Stimmungsbilder und Landschaftserfahrungen in zeitgenössischer Lyrik.

Phase	Thema	Sozialform	Kompetenzen und Lernziele	Materialien
Voraussetzungen: keine				
9.1	Einstieg: Interview mit Jan Wagner	UG	• S setzen sich mit dem Interview kritisch auseinander	ARBEITSBLATT 9a
9.2	Erarbeitung 1: Zugang und inhaltliche Erschließung der Gedichte	GA	• S verfassen erste Leseeindrücke zum jeweiligen Gedicht. Danach erschließen sie den Inhalt	ARBEITSBLATT 9b
9.3	Erarbeitung 2: Analyse der Gedichte	GA	• S untersuchen die Gestaltung und Wirkung der im Gedicht entworfenen Bilder und Sinneseindrücke	ARBEITSBLATT 9b
9.4	Ergebnissicherung: Austausch und Präsentation der Ergebnisse	UG oder PA	• S stellen sich die Ergebnisse vor	ARBEITSBLATT 9b
9.5	Vertiefung: Rückbezug zum Interview herstellen	UG	• S können funktional das Interview in die Deutung der Gedichte einbeziehen	ARBEITSBLATT 9a ARBEITSBLATT 9b

9.1 Einstieg: Interview mit Jan Wagner

Unterrichtsschritt. Die Lernenden lesen das Interview und werden danach aufgefordert, die Aussagen Jan Wagners kritisch zu beleuchten und sich persönlich dazu zu äußern (ARBEITSBLATT 9a ***Interview mit Jan Wagner***, Arbeitsauftrag 1). UG

ARBEITSBLATT 9a ➤ S. 59

Dann werden die Titel der Gedichte, *nicosia* und *ohio*, genannt und die Lernenden aufgefordert, ihre Assoziationen und Erwartungen an die Orte zu formulieren. Einzelnen Schülern kann der Auftrag erteilt werden, zu den Orten Hintergrundinformationen (wie z. B. genaue geografische Lage, politische Situation, Sehenswürdigkeiten) zu recherchieren. Wichtige Hinweise können an der Tafel notiert werden.

Erläuterungen. Auf jeden Fall zur Sprache kommen sollte für *nicosia* die politisch-militärische Teilung der Insel Zypern und der Stadt Nikosia, für *ohio* die geografische Lage des US-Bundesstaats im Norden am Lake Erie und das geografische Profil (zumindest im Westen des Staates ausgedehnte Ebenen).

9.2 Erarbeitung 1: Zugang und inhaltliche Erschließung der Gedichte

Unterrichtsschritt. Beide Gedichte werden gelesen bzw. vorgetragen (ARBEITSBLATT 9b ***Jan Wagner: nicosia/ ohio***), danach werden Arbeitsgruppen gebildet. Möglichkeiten zur Gruppeneinteilung: Die Lernenden entscheiden sich je nach Interesse für einen der beiden Orte, so dass die Lerngruppe möglichst in zwei gleich große Hälften aufgeteilt wird. Eine Zuteilung per Los ist auch denkbar. GA

ARBEITSBLATT 9b ➤ S. 60

Nach erneutem stillen Lesen des jeweiligen Gedichts notiert die jeweilige Gruppe zunächst frei ihre ersten Eindrücke, wobei die erarbeiteten Hintergrundinformationen zu beiden Orten berücksichtigt werden (ARBEITSBLATT 9b, Arbeitsauftrag 1 und 2).

9.3 Erarbeitung 2: Analyse der Gedichte

GA

ARBEITSBLATT 9b
Lösungshinweise
➤ S. 72

Unterrichtsschritt. Nach dieser Lektüre werden die Gedichte auf die Gestaltung der Sprache und Bilder und ihre Wirkung auf den Leser untersucht (ARBEITSBLATT 9b, Arbeitsauftrag 3). Ebenso soll auf die sinnliche Wahrnehmung des Ortes eingegangen werden. Die Ergebnisse sollen im Gedicht visualisiert und die Wirkung in Stichworten schriftlich zusammengefasst werden, so dass die Ergebnisse danach der anderen Gruppe präsentiert werden können.

9.4 Ergebnissicherung: Austausch und Präsentation der Ergebnisse

UG oder PA

ARBEITSBLATT 9b

Unterrichtsschritt. Je nach Kurs kann die Präsentation der Ergebnisse im Plenum erfolgen, so dass ein bis zwei Schülerinnen oder Schüler vortragen und im Anschluss daran Fragen beantwortet werden.

Alternativ dazu ist ein Austausch in Kleingruppen (zu viert) oder auch in Partnerarbeit möglich, indem die zwei großen Gruppen neu aufgeteilt werden. (Bei einer Vierergruppe haben idealerweise zwei Schüler das Gedicht *ohio* und zwei Schüler das Gedicht *nicosia* bearbeitet.)

9.5 Vertiefung: Rückbezug zum Interview herstellen

UG

ARBEITSBLATT 9a

Unterrichtsschritt. Die Lernenden rekapitulieren das Interview mit der Frage, inwiefern sie Jan Wagners Aussagen auf die Gedichte beziehen können (ARBEITSBLATT 9a, Arbeitsauftrag 2). Hier geht es darum, einen funktionellen Zusammenhang zwischen Interview(auszug) und den Gedichten herzustellen.

Weitere Leitfragen
- Inwiefern verändern die Aussagen des Interviews Ihre Herangehensweise an die Gedichte des Autors?
- Gibt es (neue) Aspekte, denen Sie nun mehr Aufmerksamkeit schenken?

Interview mit Jan Wagner: Über das Staunen, Reisen und Dichten

Ossip Mandelstam sagte einmal, die Grundtugend des Dichters sei das Staunen. Wie bewahren Sie sich das?

Ich weiß nicht, ob man sich das bewahren kann. Man muss versuchen, der Welt, mit all ihren Dingen, mit größtmöglicher Aufmerksamkeit zu begegnen. Wie wir die Welt sehen – das geht dem Dichten voraus. Im Grunde sollten wir ja auch über das, was wir jeden Tag sehen, staunen, über das längst allzu Vertraute. Dichter staunen über die Heidelbeere, den kleinen Grashalm auf der Erde. Um auf Mandelstam zurückzukommen: Der sagte an anderer Stelle, man müsse eigentlich immer reisen. Wer reist, staunt. Ich verstehe das so, dass man sich auch in den eigenen vier Wänden und in der gewohnten Umgebung als Reisender bewegen sollte.

Welche Bedeutung hat für Ihr Schreiben das eigene Reisen?

Man bekommt Motive geschenkt, die man vor der eigenen Haustür vielleicht dann doch nicht fände. Man kann zwar auch in Berlin ein Gedicht über Koalas schreiben, aber in Australien nimmt man sie anders wahr. Durch das Reisen erlangt man eine größere Aufmerksamkeit, wird von all den neuen Dingen überwältigt. Wenn ich reise, öffnet es mir jedenfalls die Augen und so auch das Notizbuch.

Sie kommen gerade aus Indien zurück. Welche Eindrücke haben Sie für Ihr Schreiben aus diesem Land mitgenommen?

Indien war so reich an Eindrücken, dass ich vermutlich noch Monate oder Jahre brauche, um die Eindrücke zu verarbeiten, mich zu sammeln. Ich war noch nie derart überwältigt von einer Reise – und staune im Moment vielleicht noch zu sehr, als dass ans Schreiben überhaupt zu denken wäre.

Fragen: Vanessa Greiff.

Mit Genehmigung von Jan Wagner

Arbeitsaufträge:

1. *Vor der Arbeit mit den Gedichten:*
   Lesen Sie das Interview. Welche Aspekte des Reisens hebt Jan Wagner hervor? Diskutieren Sie darüber und beziehen Sie auch eigene Erfahrungen ein.
2. *Nach der Arbeit mit den Gedichten:*
   Inwiefern verändern die Aussagen des Interviews Ihre Herangehensweise an die Gedichte des Autors? Gibt es (neue) Aspekte, denen Sie nun mehr Aufmerksamkeit schenken?

ARBEITSBLATT 9b

JAN WAGNER

nicosia

hinter der grenze schlafen die taxis
in den geräumten häusern
die sandsäcke, satt vom land.

am frühen abend der muezzin
vom nordteil her, und die biertrinker
des südens, die ihm lauschen, schweigend
auf ihren plastikstühlen, hinter ihnen
der kühlschrank, ein summender weißer gott.

dort, in einer seitenstraße, siehst du
den schneider seine sanften stoffe entrollen
wie ein feldherr seine karten,
während draußen die laternen stich um stich
den abend in die straßen nähen.

dunkler die palmen im park, die bäume;
ab und zu ein wind, der müde
in einer glut von orangen stochert –
und wie im traum die fahrt richtung westen,
an den neubauflächen vorbei, den toten
katzen, flach wie schatten. am rand der straße
bettelt der ginster.

Selbstporträt mit Bienenschwarm. Ausgewählte Gedichte 2001–2015. München/Berlin: Hanser Berlin-Verlag, 2015. S. 116.

JAN WAGNER

ohio

wer zu fuß geht, macht sich verdächtig.

die holzhäuser in blau und grau,
aufgewärmt von der sonne.
die grillenmaschine, die langsamer schnurrt,

und ein himmel, der für nichts wirbt als für sich selbst.
die ersten trockenen blätter schweben herab,
als brenne irgendwo eine bücherei.

noch wochen, tage wenigstens,
bis der winter seine blizzards gegen
die viel zu dünnen scheiben drückt.

im norden liegen die großen seen,
und der wind geht durch bis nach chile.

Ebd. S. 130.

Arbeitsaufträge:

1. Welche Assoziationen und Erwartungen haben Sie an den jeweiligen Ort? Recherchieren Sie (weitere) Informationen zu den Orten.
2. Lesen Sie das ausgewählte Gedicht noch einmal. Halten Sie ihre ersten Eindrücke schriftlich fest. Berücksichtigen Sie dabei Ihre Kenntnisse des Orts.
3. Wie wird der Ort erlebt?
   Untersuchen Sie die Gestaltung der Sprache und Bilder sowie deren Wirkung auf den Leser. Achten Sie dabei auch auf die sinnliche Wahrnehmung des Ortes. Kennzeichnen Sie Schlüsselwörter ggf. in verschiedenen Farben und fassen die Wirkung in Stichworten schriftlich zusammen.
4. Aus dem Interview mit Jan Wagner: *»Durch das Reisen erlangt man eine größere Aufmerksamkeit, wird von all den neuen Dingen überwältigt.«*
   Inwiefern können Sie diese Aussage auf die Gedichte beziehen?

10 Mit einem Gedicht gestaltend umgehen

Zu: Uwe Kolbe, *Kafka in Auckland* (➤ ARBEITSBLATT 10, S. 64)

Sachanalyse

Rein optisch bildet das Gedicht *Kafka in Auckland*, das 2015 im Kapitel »TRANSIT« des Lyrikbands *Gegenreden* erschienen ist, einen relativ kompakten Textblock, bestehend aus elf Versen. Durch diese Form sowie durch Reimlosigkeit, unregelmäßiges Metrum und Enjambements scheint das Gedicht auf den ersten Blick prosaische Züge zu haben.

Symmetrische Struktur, komplexer und ungewöhnlicher Satzbau (z.B. Hyperbaton »sanft war, dunkel der Teint«, V. 6) und der Wortgebrauch (symbolisch aufgeladene, atmosphärisch bedeutsame Wörter) lassen aber schnell deutlich werden, dass es sich um ein Gedicht handelt.

Das Gedicht thematisiert die Sehnsucht nach der Heimat, der »Mitte Europas« (V. 11). Die räumliche Entfernung zwischen dem Aufenthaltsort des lyrischen Ich, Auckland (Neuseeland), und der Heimat Mitteleuropa kann größer kaum sein. Dies spiegelt sich formal in der Nennung Aucklands im Titel und der Nennung der Mitte Europas in den letzten, nachgestellten Worten des Schlussverses wider. Der Textkern wird regelrecht umspannt.

Das lyrische Ich führt den Rezipienten – so scheint es zunächst – in eine Alltagssituation, an einen beampelten Fußgängerüberweg in Auckland. Doch weder die Sprache noch das, was sich ereignet, ist alltäglich: lyrisch wird die Stimmung gleich in der ersten Strophe aufgeladen, das »fremde Licht« wirkt unbehaglich, »Silber des Morgens blass« vermittelt einen unterkühlten Eindruck. Mit dem erneuten Nennen von »fremd« (V. 3) wird die Atmosphäre verdichtet. Unerwartet, fast surreal ist das Erscheinen von »Kafka« (V. 3) und die folgende Beschreibung (V. 4ff.). Durch den Einschub »das war sicher« (V. 3) wird die Spannung zwischen Realität und Vorstellung verstärkt. Die Annäherung zwischen lyrischem Ich und »Kafka« erfolgt durch das Überqueren der Straße – der Moment des Kreuzens bietet dem Auge eine Detailaufnahme: die »Streifen seines Anzugs« (V. 7f.). Es folgen explizite Bewertungen der Person (»elegant«, »schön«, V. 8).

Der letzte Satz, der sich über zwei Verse erstreckt (V. 10f.) spricht nun direkt das Gefühl der Sehnsucht nach der Heimat, das Heimweh an. Der damit verbundene Schmerz wird durch das einleitende Adverb »Schon« (V. 10) verstärkt. Dass es nie zu einem Gefühl der Ankunft kam, liefert die Information »am ersten Tag« (V. 10).

Das Gedicht hat – der Rahmen »Auckland«/»Mitte Europas« deutet es bereits an – eine symmetrische Struktur: Die letzten zwei Verse stehen in einem kontrastiven Entsprechungsverhältnis zu den ersten beiden (dazwischen liegt die alles verändernde Begegnung mit »Kafka«): Der Fremdheit, Ausgesetztheit und kühlen Atmosphäre Aucklands (vgl. V. 1/2) stehen die Wärme und Geborgenheit (»des warmen Erdkerns«, »Mitte«, V. 10/11) der Heimat gegenüber. Die Neugier auf das Neue verwandelt sich in die Sehnsucht nach dem Bekannten. Auch der Mittelteil, die Begegnung mit »Kafka« (V. 3–9), hat eine Binnenrahmung mit zwei kontrastierenden Wörtern: »fremd« (Beginn V. 3) und »kennt« (Ende V. 9), die Anfang und Ende des durch die Begegnung ausgelösten Prozesses kennzeichnen. Nimmt das lyrische Ich »Kafka« am Anfang der Szene als »fremd« (in der fremden Umgebung) wahr, so führt die konzentrierte Fixierung auf die Person zur Erinnerung des bekannten Bildes des ›echten‹ Kafka, d.h. zu seiner Vergegenwärtigung (vgl. den plötzlichen und einmaligen Wechsel ins Präsens, V. 9). Er repräsentiert die damit ebenfalls nahegerückte »Mitte Europas«, die, personifizierend, im letzten Vers direkt angesprochen wird (»Sehnsucht nach dir«).

Besonderes Augenmerk soll noch auf das erste Wort des Gedichts gelegt werden, da es einerseits eine besondere Stellung und damit Bedeutung hat, andererseits Teil eines für die Schüler und Schülerinnen besonders schwer verständlichen syntaktischen Gefüges ist: »Aus« kann als Präposition (z.B. ›aus dem Weg‹) oder Adverb (z.B. ›darauf aus sein‹) verwendet werden. Hier wird es im zweiten Sinn gebraucht: die ersten anderthalb Verszeilen (»Aus […] Innenstadt«) sind eine adverbiale Ergänzung in Inversionsstellung zu »ging« (V. 2), mit dem der Hauptsatz beginnt. Der Satz lautet also in Normalstellung eigentlich: ›Ich ging, aus seiend auf [= strebend nach] das fremde Licht …, die Straße zum Hafen‹, wobei das ›seiend‹ ausgelassen wird (und zudem in der Partizipform ungewöhnlich konstruiert ist). Durch die Inversion an den Anfang gesetzt, bekommt das »Aus« ein besonderes Gewicht. Zunächst bleibt sogar die Wortart offen, der syntaktische Zusammenhang erschließt sich erst ab V. 2: Es ist ›ausgesetzt‹ wie das lyrische Ich in der Fremde. Außerdem wird einerseits die Wortfamilie der Präposition assoziiert: ›Ausland‹, ›draußen‹, ›außerhalb‹, die den semantischen Gegensatz zu ›Kern‹

und ›Mitte‹ (vgl. V. 10 f.) bildet. Andererseits ist es als Adverb aber Teil der Wendung ›aus sein auf‹, die den Aspekt der Neugier auf Neues enthält, der die ersten zwei Verse prägt. Es enthält also in sich bereits die Spannung, die das Gedicht als Ganzes bestimmt.

! **Verkürzter Verlauf: 10.1 – 10.2 – 10.3 – 10.4**

Unterrichtsverlauf

Überblick. Die Lernenden setzen sich gestaltend mit dem Thema des Gedichts auseinander.

Phase	Thema	Sozialform	Kompetenzen und Lernziele	Materialien
Voraussetzungen: keine				
10.1	Einstieg: Was ist Heimweh?	PA / GA / UG (Prinzip der wachsenden Gruppengröße)	• S nähern sich einem komplexen Begriff und legen dazu ein Cluster an	ARBEITSBLATT 10
10.2	Erarbeitung 1: Gestaltung des Textes	EA / PA	• S setzen sich mit dem Gedicht auseinander • S erstellen eine Lesefassung des Gedichts	ARBEITSBLATT 10
10.3	Erarbeitung 2: Form und Sprache	PA	• S erkennen besondere Merkmale der Sprache und Form	ARBEITSBLATT 10
10.4	Vertiefung und Transfer: Brief in die Heimat schreiben	EA	• S setzen sich in einer gestaltenden Aufgabe mit dem Gedicht auseinander	ARBEITSBLATT 10
10.5 **fakultativ**	Erweiterung: Nahtstelle zwischen Gedicht(produktion), Autor und Rezipienten herstellen	UG	• S können mit textexternen Informationen aus dem Interview umgehen; ihnen wird die Nahtstelle zwischen Gedicht(produktion), Autor und Rezipient bewusst	ZUSATZMATERIAL 10

10.1 Einstieg: Was ist Heimweh?

PA / GA / UG

ARBEITSBLATT 10
➤ S. 64

Unterrichtsschritt. Die Lernenden setzen sich mit dem Begriff der Sehnsucht auseinander und legen dazu auf einem getrennten Blatt ein Cluster an (ARBEITSBLATT 10 ***Uwe Kolbe: Kafka in Auckland***, Arbeitsauftrag 1). Methodisch kann nach dem Prinzip der wachsenden Gruppengröße vorgegangen werden. Im Unterrichtsgespräch sollten die Ergebnisse ausgetauscht und ergänzt werden.

Erläuterungen. Erwartungshorizont zum Cluster »Heimweh«

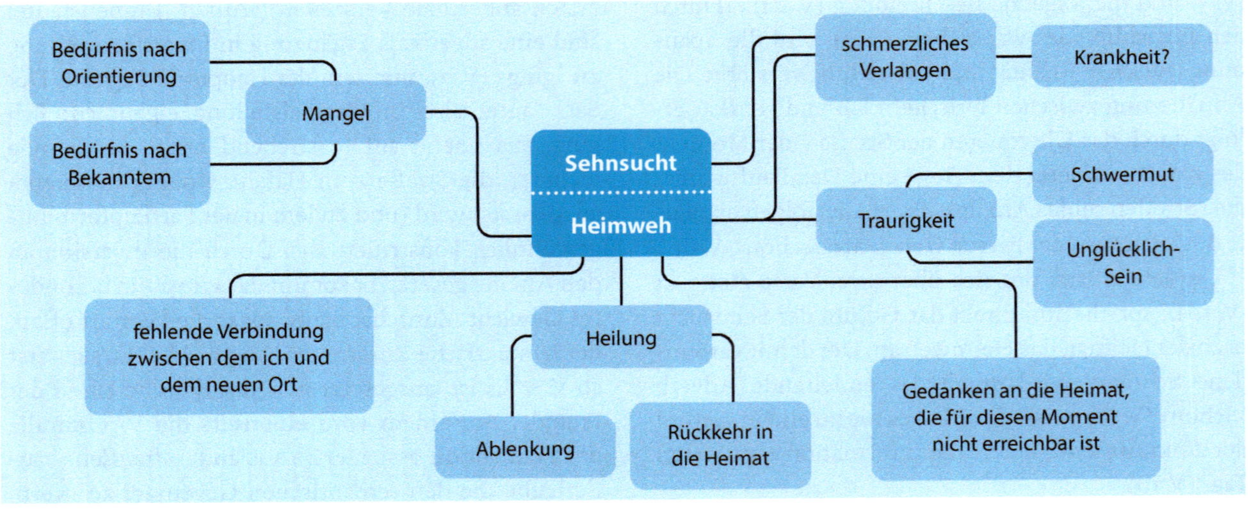

Möglichkeit zur Differenzierung/Vertiefung. Dieses Cluster kann um weitere Dimensionen von Sehnsucht erweitert werden, indem Bezug auf andere Gedichte aus der Anthologie *Reisen. Gedichte* genommen wird.

10.2 Erarbeitung 1: Gestaltung des Textes

EA / PA

Unterrichtsschritt. Um den Inhalt und den lyrischen Charakter des Textes, der optisch prosaisch erscheint, zu erfassen, sollen die Schüler eine Lesefassung erstellen und anschließend in Partnerarbeit ihre Ergebnisse vorstellen und verbessern (ARBEITSBLATT 10, Arbeitsauftrag 2). Die Murmelphase bietet den Schülern einen geschützten Raum. Freiwillige könnten ihre Fassung anschließend auch dem Kurs vortragen.

ARBEITSBLATT 10

10.3 Erarbeitung 2: Form und Sprache

PA

Unterrichtsschritt. Die Beantwortung der Frage, durch welche Stilmittel (formal, sprachlich) das Lyrische des Textes erzeugt wird (ARBEITSBLATT 10, Arbeitsauftrag 3), schließt sich dem Vortrag an, beinhaltet den analytischen Aspekt und dient zur Vertiefung des Gedichtverständnisses.

Die Ergebnisse werden im anschließenden Unterrichtsgespräch zusammengetragen und auf einer Folie präsentiert.

ARBEITSBLATT 10

Erläuterungen. Erwartungshorizont zur Form- und Sprachanalyse

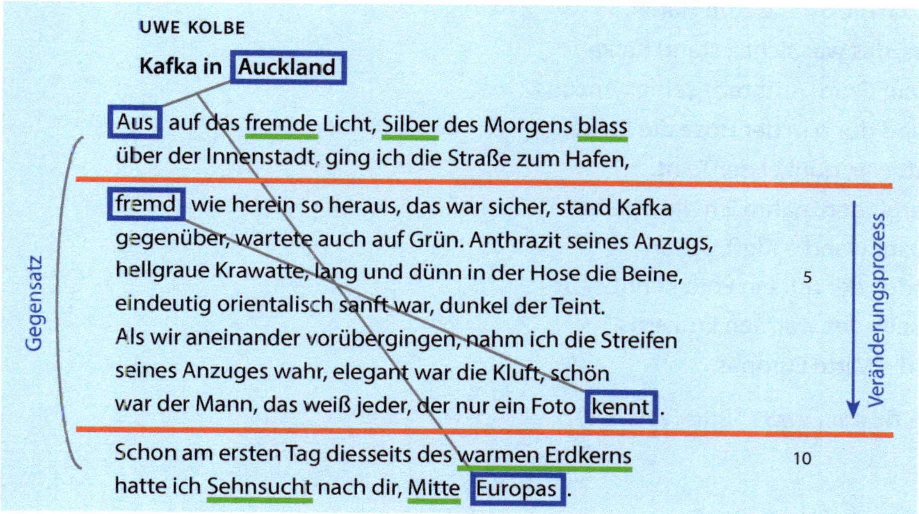

Es kann hilfreich sein, die ersten zwei Verse sprachlich-grammatikalisch im Unterrichtsgespräch gemeinsam zu erarbeiten und bei der Gelegenheit – je nach Leistungsstärke der Lerngruppe – auf die besondere Funktion des ersten Worts »Aus« einzugehen. Die sprachliche Erarbeitung kann auch schon in Unterrichtsschritt 10.2 stattfinden.

10.4 Vertiefung und Transfer: Brief in die Heimat schreiben

EA

Unterrichtsschritt. Die gestaltende Aufgabe (ARBEITSBLATT 10, Arbeitsauftrag 4) hat eine vertiefte Auseinandersetzung mit dem Inhalt zum Ziel. Je genauer sich die Gedichtanalyse und -interpretation in der Lerngruppe gestalten lässt, desto differenzierter sind die hier zu erwartenden Ergebnisse.

ARBEITSBLATT 10

10.5 Erweiterung: Nahtstelle zwischen Gedicht(produktion), Autor und Rezipienten herstellen (fakultativ)

UG

Im ZUSATZMATERIAL 10 ***Interview mit dem Autor Uwe Kolbe*** kann den Lernenden eine weitere Perspektive und zugleich die Nahtstelle zwischen Gedicht(produktion), Autor und Rezipienten bewusst gemacht werden. Eigene Meinungen, Positionen und Fragen können aufgestellt und diskutiert werden.

ZUSATZMATERIAL 10

➤ S. 65 f.

ARBEITSBLATT 10

Arbeitsaufträge:

1. Eine Form der Sehnsucht ist in Bezug auf das Reisen sowohl das Fernweh als auch das Heimweh. Was verstehen Sie unter Heimweh? Legen Sie zu diesem Begriff auf einem separaten Blatt ein Cluster an.

UWE KOLBE

Kafka in Auckland

Aus auf das fremde Licht, Silber des Morgens blass
über der Innenstadt, ging ich die Straße zum Hafen,
fremd wie herein so heraus, das war sicher, stand Kafka
gegenüber, wartete auch auf Grün. Anthrazit seines Anzugs,
hellgraue Krawatte, lang und dünn in der Hose die Beine,
eindeutig orientalisch sanft war, dunkel der Teint.
Als wir aneinander vorübergingen, nahm ich die Streifen
seines Anzuges wahr, elegant war die Kluft, schön
war der Mann, das weiß jeder, der nur ein Foto kennt.
Schon am ersten Tag diesseits des warmen Erdkerns
hatte ich Sehnsucht nach dir, Mitte Europas.

Gegenreden. Gedichte. Frankfurt a. M.: S. Fischer, 2015. S. 87.

2. Lesen Sie sich zu zweit das Gedicht gegenseitig mehrfach laut vor und erstellen Sie dabei eine Lesefassung. Markieren Sie betonte Wörter, Verbindungen am Versende und Zäsuren.
   Geben Sie in eigenen Worten den Inhalt des Gedichts wieder. Benennen Sie schwer verständliche Sätze.
3. Auf den ersten Blick wirkt die Form des Gedichts prosaisch. Durch welche Stilmittel (formal, sprachlich) wird das Lyrische des Textes erzeugt? Achten Sie besonders auf Gliederung, Satzbau und Signalwörter sowie sich daraus ergebende Symmetrien und Gegensätze.
4. Schreiben Sie aus der Perspektive des lyrischen Ich einen Brief an einen Freund / eine Freundin in der Heimat. Gestalten Sie die erlebte Situation aus.

ZUSATZMATERIAL 10

Interview mit Uwe Kolbe

Was bedeutet reisen für Sie (als Schriftsteller)? Welche Bedeutung hat das Reisen für Ihr Schreiben?

In erster Instanz bedeutet zu reisen für mich (der ich kein Reiseschriftsteller bin) nicht mehr und nicht weniger als für jeden anderen Menschen, der in Ostberlin vor 1989 erwachsen geworden ist. Ich bitte das aber nicht kurzschlüssig zeithistorisch zu verstehen, sondern so komplex wie möglich. Was reisen bedeutet, hat zuallererst mit Herkunft und Prägung zu tun. Daran anschließend gäbe es eine Menge Antworten, die zumeist von dieser oder jener konkreten Reise, dieser und jener konkreten Art zu reisen ausgingen.

– Für die Arbeit eines Dichters von meiner Façon spielt zu reisen nur dann eine aktive Rolle, wenn es die Erfahrung bereichert. Bekanntlich ist das nicht immer der Fall. Ich kann Jahr für Jahr verreisen, ohne nur eine relevante Erfahrung zu machen. Nur sie, bereitgestellt als Erinnerung, bestimmt, was ich sprachlich formen kann. Wenn also Reise zur Erfahrung geworden ist, ob nun nach Usedom oder auf die Inneren Hebriden, zum besten Burger von Texas oder zu einem thrakischen Heiligtum in Bulgarien, zum Savignyplatz in Berlin oder zu den Studenten von Sarajevo und Pale, zum Monte Testaccio in Rom oder zum wiederhergestellten Grab von Else Lasker-Schüler auf dem Ölberg …, dann kann ich schreibend darauf zugreifen. Und es kann sein, dass etwas daraus wird. Man muss, wie Rilke wusste, warten können. Es kann auch vergeblich sein. Reisen, wie ich sie meist antreten muss, um Geld zu verdienen, aber eben auch darf, weil sie intendiert oder zufällig den Horizont erweitern, die davon bleibenden Ansichten, Bilder, Filme … erzeugen einen guten Teil des Sediments meiner Erinnerungen und Erfahrungen. Dieses abgelagerte Material aber muss sichtbar werden, sich bewegen, eventuell aufbrechen, damit etwas werden kann, was Leserin und Leser als Poesie erkennen. […]

Gibt es eine Reiseerfahrung, die sich besonders auf Ihr Schreiben, z. B. auf ein Gedicht, ausgewirkt hat?

Beispiel für einen erstaunlich direkten Weg vom Reiseeindruck zur Umsetzung ist die Genese des Gedichts *Tübinger Spaziergang*, die ich einmal versuchsweise in einem kleinen Essay dargestellt habe [*Renegatentermine*, Frankfurt a.M.: Suhrkamp Verlag, 1998, S. 115–118]. Dessen erster Satz lautet: »Im November 1985 fuhr ich einmal, von Zürich kommend, über Basel nach Tübingen.« Das ist fast eine hinreichende Erklärung fürs Gedicht. Man muss nicht wissen, dass, der es schrieb, aus Ostdeutschland kam. Ein wenig Gespür für deutsche Verhältnisse und ihre Kommentierung durch Klopstock, Hölderlin, Kleist, Büchner und Heine, durch Brecht, Benn, Böll, Borchert, Heiner Müller und Wolf Biermann genügt hier schon:

Tübinger Spaziergang

Deutschland,
alter Apfelbaum
niedergeschnittenen Stammes.
Einer deiner dürren Äste
trägt den letzten, roten Apfel,
den ich pflück und esse,
meinen Hunger stille,
ob mir auch der Magen brennt.

Welche Orte sind für Sie Sehnsuchtsorte?

Die »kleine« Antwort: Es handelt sich oft eher um Bekanntes, was gerade fern liegt. In einer Kleinstadt kann es der urbane Ort sein, vom Fachwerkhäuschen aus die Sehnsucht nach einer belebten Kreuzung mit einem guten, städtischen Café. Im Tal von Dresden mag es die Weite der Elbe bei Hamburg-Blankenese sein. Auf einem fernen Flughafen ist es dann der Weiße Hirsch. Eine Zeitlang war es das Café Fiori di Campo auf dem Campo dei fiori in Rom. Manchmal ist es die Fläche vor dem Rockefeller Center in Manhattan im Winter, wenn sich vor der goldenen Skulptur und zwischen den illuminierten Bäumen die Leute auf dem Eis drehen. Die »große« Antwort, ebenso ehrlich, wohl auch nach sehr vielen Reisen: Das vertraute Zuhause.

Fragen: Vanessa Greiff.
Mit Genehmigung von Uwe Kolbe

LÖSUNGSHINWEISE

zu ARBEITSBLATT 1 (Modul 1, ➤ S. 12)

STEFAN GEORGE

Einladung zur Reise[1]

Inhalt

Vergleich: Geliebte Muse mit einem fremden Land

Meine schwester mein kind!
Denk dir wie lind[2]
Wär es dorthin zu entweichen!
Liebend nur sehn
Liebend vergehn
In ländern die dir gleichen!
Der sonnen feucht
Verhülltes geleucht
Die mir so rätselhaft scheinen
Wie selber du bist
Wie dein auge voll list
Das glitzert mitten im weinen.

Exotik

Liebe

Sonne, Wärme
Rätselhaftigkeit
»Glitzern«

Dort wo alles friedlich lacht –
Lust und heiterkeit und pracht.

Darstellung eines Innenraums

Die möbel geziert
Durch die jahre poliert
Ständen in deinem zimmer
Und blumen zart
Von seltenster art
In ambraduft[3] und flimmer.
Die decken weit
Die spiegel breit
In Ostens prunkgemache
Sie redeten dir
Geheimnisvoll hier
Die süsse heimatsprache.

Seltene Pflanzen
Ambra: seltener, kostbarer Duft
»Flimmer«
Weite
Orient
Pracht

fremde Klänge/Sprache

Dort wo alles friedlich lacht –
Lust und heiterkeit und pracht.

Darstellung einer Hafenstadt

Sieh im kanal
Der schiffe zahl
Mit schweifenden gelüsten!
Sie kämen dir her
Aufs kleinste begehr
Von noch so entlegenen küsten.
Der sonne glut
Ersterbend ruht
Auf fluss und stadt und die ganze
Welt sich umspinnt
Mit gold und jazint[4]
Entschlummernd in tief-warmem glanze.

Gelüste, Begierde

Ferne
Zusammenkunft verschiedener Kulturen

kostbare, seltene Farben
Wärme

Dort wo alles friedlich lacht –
Lust und heiterkeit und pracht.

Euphorie, Freude
Üppigkeit

Fazit: sinnliche Wahrnehmung des Ortes

- **Sehen:** warme, helle Farben, Lichtreflexe (glitzernd, poliert, glänzend)
- **Riechen/Schmecken:** süße, erdig warme Düfte
- **Fühlen:** Wärme
- **Hören:** fremde Sprache/Klänge

LÖSUNGSHINWEISE

zu ARBEITSBLATT 2 (Modul 2, ➤ S. 19)

JOHANN WOLFGANG GOETHE

Mignon

Strophe 1 – südliche Landschaft, Natur

Kennst dú das Lánd? wo díe Zitrónen blǘhn, a
Im dunkeln Laub die Gold-Orangen glühn, a
Ein sanfter Wind vom blauen Himmel weht, b
Die Myrte still und hoch der Lorbeer steht, b
Kennst du es wohl?
Dahin! Dahin c
Möcht' ich mit dir, o mein Geliebter, ziehn. c

- Jambus (ˊ)
- Paarreim (lange Vokale, männliche Kadenzen)
- Wiederholungen
- Alliteration
- o-Laute (dunkel)
- i-Laute (hell)
- Konjunktiv

- gleichmäßig bewegt
- klangvoll
- Intensivierung, Zusammenhang
- klangvoll, harmonisch
- Strophe und Refrain klanglich unterschiedlich
- Wunsch (Refrain Strophe 1 und 2)

Strophe 2 – südliche Architektur und Kunst

Kennst du das Haus? Auf Säulen ruht sein Dach, d
Es glänzt der Saal, es schimmert das Gemach, d
Und Marmorbilder stehn und sehn mich an: e
Was hat man dir, du armes Kind, getan? e
Kennst du es wohl?
Dahin! Dahin c
Möcht' ich mit dir, o mein Beschützer, ziehn. c

- kurze Vokale (.), einsilbige Wörter
- Frage (»wohl«) dreimal
- Ausruf »o« (dreimal)

- Härte, atmosphärischer Wechsel
- Vergewisserung, Nachdruck
- Sehnsucht, Schmerz

Kontrast

Strophe 3 – Barriere, bedrohliche Natur, mythische Wesen

Kennst du den Berg, und seinen Wolkensteg? f
Das Maultier sucht im Nebel seinen Weg; f
In Höhlen wohnt der Drachen alte Brut; g
Es stürzt der Fels und über ihn die Flut. g
Kennst du ihn wohl?
Dahin! Dahin c
Geht unser Weg! o Vater, lass uns ziehn! c

- harter Konsonant K (dreimal)
- weniger i-Laute
- Ausrufe, Ausrufezeichen

- Neueinsatz mit inhaltlichen Veränderungen
- atmosphärisch dunkler
- Wechsel von Wunsch zu Aufforderung (Refrain Strophe 3)

LÖSUNGSHINWEISE

zu ARBEITSBLATT 5 (Modul 5, ➤ S. 35)

EDUARD MÖRIKE

Früh im Wagen

Es graut vom Morgenreif
In Dämmerung das Feld,
Da schon ein blasser Streif
Den fernen Ost erhellt;

Man sieht im Lichte bald
Den Morgenstern vergehn,
Und doch am Fichtenwald
Den vollen Mond noch stehn:

So ist mein scheuer Blick,
Den schon die Ferne drängt,
Noch in das Schmerzensglück
Der Abschiedsnacht versenkt.

Dein blaues Auge steht
Ein dunkler See vor mir,
Dein Kuss, dein Hauch umweht,
Dein Flüstern mich noch hier.

An deinem Hals begräbt
Sich weinend mein Gesicht,
Und Purpurschwärze webt
Mir vor dem Auge dicht.

Die Sonne kommt; – sie scheucht
den Traum hinweg im Nu,
Und von den Bergen streicht
Ein Schauer auf mich zu.

Schlüsselbegriffe und ihre Bedeutung

Zeit: Frühe; Ort: unterwegs/Wagenfahrt

Naturbeschreibung:
- Tagesanbruch, aufkommende Helligkeit
- in Bewegung, auf Zukunft gerichtet (graut, erhellt, vergehn)
- »schon« drückt aus, dass der Tag schneller als erwartet anbricht
- im Moment des Übergangs (noch)
- auf die Ferne gerichtet (Himmel, Horizont)
- Das schnelle Herannahen des Tages wird durch das Adverb »bald« betont, der Moment der Gleichzeitigkeit von Tag und Nacht wird durch das »noch« ausgedrückt. Die Verben »vergehn« und »stehn« bilden Gegensätze: Bewegung und statische Momente werden dargestellt.

Zwiespalt des lyrischen Ich:
- schon im Aufbruch in die Ferne
- noch in Gedanken an die Geliebte

≙ Tageszeit (»So«)

Beziehung zur geliebten Person:
- vergangene Nacht, dunkle Farben
- auf Vergangenheit gerichtet : Rückblick
- gegenwärtig (Tempus: Präsens)
- Ausdrücke der Nähe (vor mir, hier, an deinem Hals, vor dem Auge dicht)

Fortgang in Raum und Zeit:
- Sonnenaufgang signalisiert eindeutig den neuen Tag
- ›scheuchen‹ und »im Nu« verstärken das rasche Voranschreiten
- Erinnerung wird unwirklich (Traum)
- Ausblick in die Ferne (Berge) wieder zwiespältig

LÖSUNGSHINWEISE

zu ARBEITSBLATT 6 (Modul 6, ➤ S. 41)

HILDE DOMIN

Fahrt durch Kastilien

I

Ich weiß nicht, warum die Welt
sich mir in zwei Hälften teilt.

Kastilien ein Weizenfeld.
Das Weizenfeld öffnet sich,
alles öffnet sich,
was ich sehe.
Die andere Hälfte
immer die Deine.

Ich bin so wach,
daß ich die Ähren zählen kann.

Frauen mit großen Hüten,
oben Gold, unten Gold,
goldenes Karussell auf den Tennen.
Die Spreu ein goldener Fächer im Wind.
Alles teilt sich
in zwei Teile.

Schafe, erdgrau, mit dem Hirten,
Ulmen, die sich in Wiesen spiegeln,
Rauchwolken von Vögeln,
Berge,
wollen nicht mein sein,
ohne auch dein zu sein.

Nicht das Feld, nicht die Stadt
mag ich nehmen,
Gold der Ähren, Gold der Türme,
wenn ich nicht dir davon geben darf.

Sämtliche Gedichte. Hrsg. von Nikola Herweg und Melanie Reinhold. Mit einem Nachw. von Ruth Klüger. Frankfurt a. M.: S. Fischer, ^{2}2016. S. 91. [Zuerst in: Rückkehr der Schiffe, 1962.]

INNERES ERLEBEN

Trennung der Welt in zwei Teile (als Tatsache dargestellt)

Verbindung (als Wunsch)

ÄUSSERE WAHRNEHMUNG

i | ei-Laute ➤ hell

Weizen:
- Weizenfeld
- Ähren
- Tenne
- Spreu

- Farben: gelb, golden ➤ leuchtend

Erweiterung:
- Schafe/Hirten
- Ulmen/Wiesen
- Vögel
- Berge

- Stadt/Türme
- (wieder: Feld, Ähren)

LÖSUNGSHINWEISE

zu ARBEITSBLATT 8b (Modul 8, ➤ S. 54)

HEINZ CZECHOWSKI

Salerno

Gedicht	Erläuterungen	Stimmung
Ich bin,	Ich/Paestum	
Wo ich nicht hingehöre, verschlagen		
Für ein paar Tage: Man wandelt	Zitat aus Goethes *Wahlverwandtschaften*	
Nicht ungestraft unter Palmen!	südliche Gegend	
Der bleierne Spiegel		
Des fischlosen Meeres, der Schatten	am Meer	unwohl und fremd
Der Gassen und Gäßchen.		in lebensfeindlich/leblos
Die Wasserbüffel	»Mozzarella-Büffel« ➤ Kampanien	empfundener Landschaft
An der Mauer von Paestum.	griechische Tempelanlage südlich von Salerno	ohne Menschen
Die verschmähten Gelegenheiten		
Schlafen im Schatten des Ölbaums.		
Selbst Christus	Buchtitel (Carlo Levi, 1945)	
Kam nur bis Eboli.	Ort zwischen Salerno und Paestum	
Als wir am Abend zurückkehrten,	Wir/Salerno	
Schwirrte die Stadt,		
Ein Bienenkorb. Alterslos	Metapher: bienenkorb	unbeteiligt und orientierungslos in Raum und Zeit
War der Himmel, die Stimmen	Chiasmus: Alterslos – Dantesk	
Im Kastell von Arrecchi	Burg in Salerno (Arechi)	
Dantesk.	Dante, *Inferno* (Hölle)	furchterregend

Nachtspur. Gedichte und Prosa 1987–1992. Zürich: Ammann, 1993. S. 242.

LÖSUNGSHINWEISE

zu ARBEITSBLATT 9b (Modul 9, **➤ S. 60)**

JAN WAGNER

nicosia

(zunehmende Bewegung)

hinter der grenze schlafen die taxis
in den geräumten häusern
die sandsäcke, satt vom land.

am frühen abend der muezzin
vom nordteil her, und die biertrinker
des südens, die ihm lauschen, schweigend
auf ihren plastikstühlen, hinter ihnen
der kühlschrank, ein summender weißer gott.

dort, in einer seitenstraße, siehst du
den schneider seine sanften stoffe entrollen
wie ein feldherr seine karten,
während draußen die laternen stich um stich
den abend in die straßen nähen.

dunkler die palmen im park, die bäume;
ab und zu ein wind, der müde
in einer glut von orangen stochert –
und wie im traum die fahrt richtung westen,
an den neubauflächen vorbei, den toten
katzen, flach wie schatten. am rand der straße
bettelt der ginster.

Selbstporträt mit Bienenschwarm. Ausgewählte Gedichte 2001–2015. München/Berlin: Hanser Berlin-Verlag, 2015. S. 116.

JAN WAGNER

ohio

(Entgrenzung – räumlich – zeitlich)

wer zu fuß geht, macht sich verdächtig.

(Beschreibung)

die holzhäuser in blau und grau,
aufgewärmt von der sonne.
die grillenmaschine, die langsamer schnurrt,

und ein himmel, der für nichts wirbt als für sich selbst.
die ersten trockenen blätter schweben herab,
als brenne irgendwo eine bücherei.

(Imagination)

noch wochen, tage wenigstens,
bis der winter seine blizzards gegen
die viel zu dünnen scheiben drückt.

im norden liegen die großen seen,
und der wind geht durch bis nach chile.

Ebd. S. 130.

- träge, friedliche Abendstimmung
- dazwischen Signale für Gewalt
- ruhige Szenerie gerät allmählich in Bewegung (schlafen, lauschen, entrollen, fahren)
- Steigerung von Phänomenen (Grenze, Sandsäcke) über Aktionen (»stich um stich«, in der Glut stochern) bis zu Folgen der Gewalt (Tod)

→ friedliche Atmosphäre wird zunehmend in Unruhe gebracht und wirkt bedroht

- in den drei mittleren Strophen: Entgrenzung von Beschreibung einer friedlichen Spätsommeridylle zur Imagination einer bedrohlichen Winterszenerie (zeitlich)
- in der ersten und letzten Strophe: Entgrenzung vom lokalen Zu-Fuß-Gehen bis zur Imagination ganzer Kontinente (räumlich)

→ friedliche Spätsommeridylle entgrenzt sich imaginär in bedrohliche Winterszenerie